解读早期中国

东亚青铜潮

前甲骨文时代的千年变局

Emergence and Communication of Bronze in Early China

许宏 著

生活·讀書·新知 三联书店

Copyright © 2021 by SDX Joint Publishing Company.
All Rights Reserved.

本作品版权由生活・读书・新知三联书店所有。
未经许可，不得翻印。

图书在版编目（CIP）数据

东亚青铜潮：前甲骨文时代的千年变局／许宏著．—北京：生活・读书・新知三联书店，2021.5
（解读早期中国）
ISBN 978 – 7 – 108 – 07082 – 1

Ⅰ．①东⋯　Ⅱ．①许⋯　Ⅲ．①青铜时代文化 – 研究 – 东亚　Ⅳ．① K863.113

中国版本图书馆 CIP 数据核字（2021）第 018966 号

责任编辑　曹明明
装帧设计　康　健
责任校对　曹忠苓
责任印制　徐　方
出版发行　生活・讀書・新知三联书店
　　　　　（北京市东城区美术馆东街 22 号 100010）
网　　址　www.sdxjpc.com
经　　销　新华书店
制　　作　北京金舵手世纪图文设计有限公司
印　　刷　天津图文方嘉印刷有限公司
版　　次　2021 年 5 月北京第 1 版
　　　　　2021 年 5 月北京第 1 次印刷
开　　本　880 毫米 × 1230 毫米　1/32　印张 6.75
字　　数　150 千字　图 236 幅
印　　数　00,001 – 10,000 册
定　　价　59.00 元

（印装查询：01064002715；邮购查询：01084010542）

目 录

引子　从司母戊大鼎说起　1

一　时空界说　9
　　东亚·东亚大陆·中国·中亚　11
　　甲骨文·殷墟文化·公元前1300年　14
　　何人用铜，如何用铜　15

二　青铜潮前锋大扫描　19
　　"原始铜合金"初现期（公元前4700—前2100年）　21
　　　　仰韶时代　寥若晨星　21
　　　　红山人用过铜吗？　25
　　　　龙山前期　朦胧探索　26
　　多种合金尝试期（公元前2100—前1700年）　29
　　　　西北华北　高地先亮　30
　　　　中原出彩　东南空寂　33
　　　　龙山时代　东北无铜　35
　　　　高地前沿　繁星密布　37

中原持续　互动创新　　41

三　核心区域及其冲击波　45
　　先导二里头（公元前1700—前1550年）　48
　　　　青铜大邑出中原　49
　　　　众星捧月看周边　58
　　蓬勃二里岗（公元前1550—1300年）　62
　　　　早期承前　礼制初成　65
　　　　晚期波峰　四方推展　79

四　潮头外缘大扫描　95
　　推波有活水：西北至北方　97
　　　　晋陕地区　97
　　　　河套地区　97
　　　　甘青地区　100
　　观潮此处佳：燕山至东北　103
　　　　直接进入青铜时代的区域　103
　　　　渐次进入青铜时代的区域　109
　　　　无缘青铜时代的区域　112
　　　　各区域青铜时代上下限的梯次　113
　　潮平两岸阔：大黄河三角洲　114
　　　　太行山东麓平原　117
　　　　海岱及周边地区　118
　　韵味看余波：长江中下游　120

江淮－江南地区　　120
　　长江中游左近地区　　120
微澜漫西南：川渝藏地区　　122

五　观潮的断想　　127
"青铜时代"：从遗存到概念　　129
　　谁先进入青铜时代?　　129
　　谁的青铜时代?　　132
时空遐思：对二维边界的探究　　135
　　东亚"铜石并用时代"献疑　　135
　　半月形地带与"中国弧"　　138
潮余拾贝：器物身世趣话　　144
　　谜一样的兽面铜牌饰　　144
　　巫术之镜，妆容之镜?　　149
　　长身战斧与环首刀　　152
　　喇叭口耳环与臂钏　　156
　　渐远渐变的倒钩铜矛　　159
　　权杖受阻于神奇"弧带"　　163

附录一　余绪寻踪："重器"纵览　　167
　　（一）中原地区　　168
　　（二）西北至北方　　171
　　（三）南方地区　　176

附录二　东亚大陆使用铜器的考古学文化一览

　　　　（公元前3000—前1200年）

注　释　181

主要考古资料存目　198

后　记　209

引子 从司母戊大鼎说起

2010—2011年，中国国家博物馆在该馆图录和展览中，将在学界享有"中华第一大鼎""中国第一大鼎""青铜时代第一鼎"等盛誉的司母戊大方鼎，更名为"后母戊青铜方鼎""后母戊鼎"[1]。一石激起千层浪，这一更名事件引起学界和公众的强烈反响。

由于学界对这件商代大鼎的铭文释读有不同的认识，致使多种释读方案共存，所以"后""司"之辨至今仍属学术讨论范畴。以"后母戊鼎"替代"司母戊鼎"称名，应属更名而非正名。迄今已沿用数十年的"司母戊鼎"被广泛应用于各个领域，具有较高的社会认知度。在学界对其铭文决出正误并形成共识之前，对这件大鼎还是沿用学界和社会认知度相对较高的称名为妥[2]。

依最新公布的数据，司母戊大鼎口长约1.16米，宽约0.79米，通高1.33米[3]。20世纪50年代测定大鼎的重量为875千克，而据90年代的最新测定，其总重量为832.84千克[4]。随着岁月流逝，

司母戊大鼎及其铭文

引子 从司母戊大鼎说起

大鼎应存在减重现象。有学者推算大鼎的原重量应在1吨（1000千克）以上[5]。尽管有学者根据殷墟的考古材料推测其可能并非商代青铜器中最大最重者[6]，但就实物而论，司母戊大鼎的体量在目前公布的商周时代青铜器中居于首位。

大鼎一面长腹内壁铸有阴文铭文"司母戊"，据学者释读判断，该器应用作祭祀先妣（多认为是作器者之母），作器者应为一代商王。大鼎的年代被推定为殷墟文化第二期或第三期，与妇好墓的年代近同[7]。甚至有人认为，其主人与妇好都是商王武丁的固定配偶。大鼎自耳至足，装饰以云雷纹为底纹托浮兽面纹的多重花纹。显然，这是一件王室重器。如此庞然大物，犹如鬼斧神工，又是如何造出来的呢？考古学家、冶金史专家和工艺学家们，对司母戊大鼎的铸造工序，做了合乎逻辑的推断。在讲述制造过程的同时，我

商后期（公元前1300—前1046年）		
王	年代（公元前）	年数
盘庚（迁殷后） 小辛 小乙	1300—1251	50
武丁	1250—1192	59
祖庚 祖甲 廪辛 康丁	1191—1148	44
武乙	1147—1113	35
文丁	1112—1102	11
帝乙	1101—1076	26
帝辛（纣）	1075—1046	30

夏商周断代工程年表中商后期的年代数据

们还可以穿插进对其中生产者群体和场景的简要勾画。

殷墟都邑内的铸铜作坊一般位于小屯宫殿区周边、邻近洹水，面积有1万—5万平方米，里面生活着由数以百计工匠组成的生产群体，他们按照等级，分为管理者、高级工匠、一般工匠等。铸造大鼎这样的重器，需要来自不同族群、拥有不同技能的工人（如甲骨卜辞中的"百工""多工"）在管理者（如卜辞中的"司工""尹工"）督导下按程序完成生产任务。

首先是设计，除了作蓝图之外，有时可能还会先制作器物的同比例小模型。然后进入制模、制范阶段。先由土工取土，进行水洗、过滤、沉淀、添加羼和料，准备制作陶范和熔铜浇铸用具的土料。接下来，由铸型陶工用范土为大鼎制作模范。大鼎采用复杂的复合范（块范法）铸造技术制作。复合范由若干外范和内范（模）等铸型组成，它们构成铜液流入的型腔，铜液冷却后生成铸件。这些铸型多以可塑性强的黏土为原料，制成泥范或陶范。这些工序要求极高。铸型原理以及模拟实验显示，先用陶土做大鼎的芯模，大小与大鼎相同；然后在上面描绘、雕刻出花纹和铭文。成型的陶范经过修整、晾干、焙烤并对变形的地方进行局部修整才能使用，焙烤可增加其坚固程度。两个相同的大、小面可以分模翻制。模子倒扣在泥土的台座（也是一块范）上，开始制（翻）范。陶范的焙烤在倒焰式陶窑中进行，一般需要3—5天。关于大鼎的用范数量推论不一，多认为有20—52块。

之后是铸造。将铸型合成型腔是第一道工序。一般是用数十块范和芯作上下、内外围合，内里用泥芯撑形成型腔，从足部浇入铜液。铸工在铸造场地附近修筑熔铜炉，先制作熔铜、浇铸器具。殷

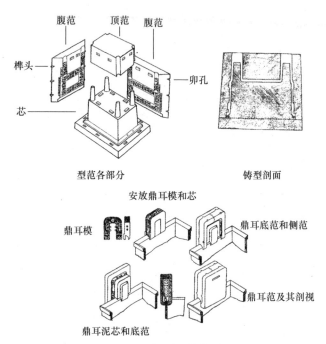

司母戊大鼎分范铸造示意
（据朱凤瀚《中国青铜器综论》插图七·二三改绘）

墟甲骨卜辞中就有关于铸造活动的记录。卜人对大鼎浇铸进行占卜，卜知浇铸结果。铸铜场地备有冶炼好的铜、锡、铅等金属料，可按铸件性质配置、熔炼合金。铸造875千克的大鼎，需准备铜料1200—1500千克，或熔化的铜液近2000千克。

然后，由炼工按比例配置铜、铅等金属料块，添加木炭，鼓风。当炉中温度约达900摄氏度时，金属原料即可熔化成合金液体，通过预先烧烤形成的硬面流道泻出。用来浇铸铜液的器具，最初认为是在殷墟出土的一种像"将军盔"的陶坩埚（浇包），但其容量小，如用它铸造大鼎，需要数十个连续浇注。而如用殷墟铸铜遗址发现的草泥熔铜炉，3—6座炉分组使用，即可以供应得上。

大鼎经过主体铸型浇铸、补铸足底部，待铜液冷却凝固后，除去外范，脱离内芯；然后在口沿上加铸鼎耳，打磨清理后，最终完成铸造。

大鼎铸造场面想必十分壮观，推测需要数以百计的人员参与，若从制范、运输到管理都算上，或可达二三百人。在大鼎浇铸过程中和完成后，要用牛、猪、人作为牺牲举行祭祀仪式，大概即卜辞中记载的"受工牢"。

就这样，一件具有划时代意义的青铜重器，按照当时商王祭祀活动的需求，经设计、铸型、铸件等工序，在专门的铸铜作坊中问世了[8]。司母戊大鼎是中国青铜时代进入鼎盛期的标志，具有"中国特色"的青铜文明开始大放异彩。

德国汉学家雷德侯（Lothar Ledderose）教授指出，中国人发明了包括青铜器铸造在内的"以标准化的零件组装物品的生产体系"，"模件化生产以多种方式塑造了中国社会的结构"。而大规模生产所需要的方方面面——分工及工序流程、标准化及质量控制、组织与管理，都对中国文化有首创贡献[9]。如此高超的复合范青铜铸造技术、精密的生产管理体系乃至背后的国家与社会发展的高度都是如何达成的呢？我们就以青铜冶铸技术的源流为主线，勾勒出此前东亚大陆千年大变局的经纬。

一 时空界说

东亚·东亚大陆·中国·中亚

首先要对本书论述的空间范畴做一界定。书名中"东亚"二字,实则是东亚大陆的简称。

东亚作为地理概念,指亚洲东部地区殆无疑义,但其具体所包含的区域并不十分明确。广义的东亚包括东北亚和东南亚,而本书所指东亚大陆,不包括以半岛和岛屿为主的东南亚地区。且就现有国家行政区划而言,狭义上东亚或东北亚的朝鲜、韩国和日本,也属半岛和岛屿,地理上不属于东亚大陆的范畴。另外,蒙古国的早期考古资料相当匮乏,暂且存而不论。

因此,本书所言东亚大陆,仍是地理意义上"中国"的代名词;就内容而言,的确限于目前中国大陆的考古学文化。但为什么不用"中国"这一概念呢?因为在地理范畴之外,"中国"具有太多复杂的含义,包括文化、族群、社会组织等层面的意蕴,不一而足。同时,东亚青铜潮的故事大部分发生于这个区域最早的核心文化、最早的"中国"——二里头都邑与二里头文化[10]形成之前。也就是说,"中国"的概念具有历史层面上从无到有、从古到今的巨大差别。所以,"东亚大陆"这个相对简单的地理概念显然更为恰当妥帖。

另外,作为地理概念的东亚大陆,既不限于今日之中国,也不等同于今日中国的范围。诚如有的学者指出,"中国广阔的大西北

东亚——大陆、半岛与列岛 ［底图审图号：GS（2016）2937 号］

地区在地理上可归入中亚范畴,在文化上也与后者保持着很大的类似性"[11],所以本书关于东亚大陆早期青铜遗存的叙述,不包括出土了众多早期铜器的新疆地区。

"中亚"（Central Asia）一词,在科学文献中由来已久,关于其具体地理界限则众说纷纭。1862 年,俄国东方学家和中亚探险家尼古兰·哈尼科夫（Nicolay Khanykoff）认为应该根据共同的环境特色来界定中亚的范围,进而建议可将缺乏注入外海的河流这一特征,作为界定"中亚"的准则之一。此后也有学者提出了类似的观点。德国著名地理学家李希霍芬（Ferdinand Richthofen）认为,"中亚"

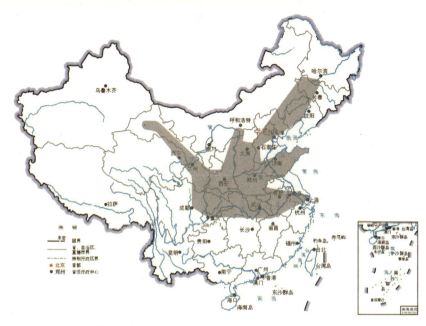

前殷墟时代东亚大陆青铜潮波及范围 [底图审图号：GS（2016）1606号]

包括亚洲内陆地带以没有河流注入外海的水文体系为特征的所有地区。联合国教科文组织编撰的权威著作《中亚文明史》[12]专门对"中亚"一词做了说明，强调"本研究中所谓的'中亚'相当于亚洲大陆的全部内陆部分……我们将遵循此前一百年间所发展的有关中亚历史和文化研究的传统。本书所用的'中亚'一名，也可以视作'内陆亚洲'的异名"。1978年，教科文组织在巴黎总部举行专家会议，讨论《中亚文明史》的编写出版筹备事宜。会议报告明确指出，"中亚"包括"今位于阿富汗、中国西部、印度北部、东北伊朗、蒙古、巴基斯坦以及苏联诸中亚共和国境内的各个地区"[13]。

一 时空界说　13

值得注意的是，该书在各章节中述及中亚东部考古遗存，涉及"中国西部"的具体范围，大致涵盖新疆、西藏、内蒙古西部、甘肃、青海、宁夏等地区[14]。

这样，"东亚"的空间，即青铜潮波及的范围，西至青藏高原东麓，西北至河西走廊，北及河套至冀北，东北至松嫩平原，东达海疆，东南至南部达长江中下游平原，西南至四川盆地。在本书限定的时间框架内，更远的东北东部区域、江南丘陵区、两广丘陵区，以及云贵高原尚无青铜遗存发现。

甲骨文·殷墟文化·公元前1300年

这几个概念涉及本书叙事的时间下限。副标题中"前甲骨文时代"，表明叙述的是甲骨文时代之前千年以上的事情。

著名的殷墟甲骨文自百余年前发现以来，经历代学者研究，其记述年代、与在位商王的对应关系已大体廓清。董作宾在20世纪30年代曾推断甲骨卜辞的记述始于第20位商王盘庚时期[15]，后世学者一般将其订正为始于盘庚之侄、第23位商王武丁时期[16]。

从考古发现上看，随着以郑州城及其郊外的小双桥遗址为典型代表的二里岗文化的衰落，在豫北，以洹北城为中心的洹河两岸一带作为殷商王朝的都邑崛起。这表明，中原广域王权国家的政治中心由郑洛地区向北移至豫北地区；在考古学文化上表现为，二里岗文化演变为殷墟文化。从文化面貌上看，洹北城早期遗存与二里岗文化之间有较大差别[17]。殷墟遗址群开始走向繁荣，殷墟文化也自此发端[18]。夏商周断代工程专家组推定盘庚至帝辛的年代为公元前1300—前1046年，殷墟文化的年代与此大致吻合[19]。

鉴于此，我们把一般认为属商代前期的二里岗文化的结束、属商代后期的殷墟文化的开始，即甲骨文呼之欲出的公元前1300年前后，作为本书叙事的下限。以甲骨文这一东亚大陆最早的成熟文书的出现为契机，中国古代史也由传说（原史，proto-history）时代进入信史（历史，history）时代[20]。

与本书相关的考古学文化及其年代数据和相对早晚关系，均见卜页表；考古遗址和考古学文化以小地名命名的方法，可能会给读者理解年代早晚造成困难，大家阅读时如遇年代不清楚的问题，可参阅此表。

何人用铜，如何用铜

在考古学上，我们可以依据是否发现铜器制造和使用的现象及其对该人群社会生活的影响程度，从时空角度做纵向与横向的划分。从时间上划分为四个阶段：

第1阶段，前铜器时代，一般为（新）石器时代；

第2阶段，零星小件铜器初现的时代；

第3阶段，青铜时代（青铜器被较普遍地使用、在社会生活中

本书涉及的考古学文化及其年代

年代(BC)\地区	长江上游	黄河上游	黄河中游	长江中游	黄河下游	西辽河	长江下游
3000		马家窑文化 ↓	仰韶文化 ↓	屈家岭文化 ↓	大汶口文化 ↓		
2500			庙底沟二期文化	石家河文化			
2000		齐家文化 ↓	中原龙山文化	肖家屋脊文化 ↓	海岱龙山文化 ↓		
		齐家/西城驿	新砦文化				
	三星堆文化	齐家晚/四坝 ↓	二里头文化		岳石文化 ↓	夏家店下层文化 ↓	马桥文化等 ↓
1500	↓		二里岗文化			魏营子文化 ↓	
			区域青铜文化	区域青铜文化			
			殷墟文化 ↓		殷墟文化 ↓		区域青铜文化
1000	十二桥文化		西周文化				

占重要地位);

第4阶段,铁器时代。

其中第1和第4阶段在东亚大陆范围内普遍存在,第2、3阶段,则依区域不同或有或无。依各区域上述时段存在与否及不同组合,从空间上划分为四个区域:

(1)从无铜器到散见小件铜器,再到先后进入青铜时代、铁器时代的区域(1→2→3→4阶段);

(2)从无铜器直接进入青铜时代,下接铁器时代。青铜文化的出现具有突兀性、非原生性的特征(1→3→4阶段);

(3)从无铜器到散见小件铜器,然后直接进入铁器时代的区域(1→2→4阶段);

(4)全无铜器发现,从新石器时代直接进入铁器时代的区域(1→4阶段)。

本书试图借此廓清青铜潮的波及范围,分析铜器的使用与否、利用程度,及其在该地社会文化发展中的作用。

二 青铜潮前锋大扫描

从本质上讲，考古学就是一门探究遗存时空关系的学问。但在既往的研究中，某些考古学文化及其不同期段的年代可相差上百年甚至数百年之久，故而以考古学文化为单位的分析阐释往往偏于粗疏。本书依据既有的研究成果、采用新的考古年代学数据，对用铜遗存做了尽可能详尽细密的期段划分，力求把握其共存关系和历时性变化，得出更加贴近历史真实的推论。

"原始铜合金"初现期（公元前4700—前2100年）

从考古学文化的视角看，这一长达两千余年的时期包含仰韶时代和龙山时代两个大的阶段。

仰韶时代　寥若晨星

此阶段大体相当于新石器时代晚期。公元前4700—前2700年，在大约两千年的时间里，东亚大陆仅在4处地点发现零星的小件黄铜（铜锌合金）、红铜（纯铜）、青铜（铜锡合金）器或炼渣等遗物。这4处遗存，分属陕晋地区仰韶文化不同的时段和类型，包括陕西临潼姜寨[21]、渭南北刘和山西榆次源涡镇，以及西北地区的马家窑文化（甘肃东乡林家），它们在所属的考古学文化中多为孤例，且时空相差颇大，彼此不相关联。

陕西临潼姜寨出土的黄铜片、黄铜管状物，属仰韶文化半坡类型，年代为大约公元前4700年。陕西渭南北刘出土的黄铜笄，属

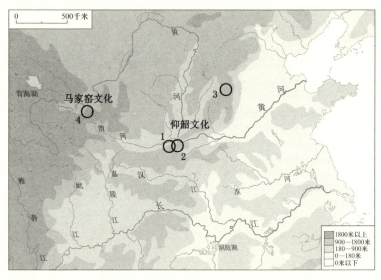

仰韶时代用铜遗存分布
1.陕西临潼姜寨；2.陕西渭南北刘；3.山西榆次源涡镇；4.甘肃东乡林家

东乡林家青铜刀（左）、临潼姜寨黄铜片（右上）和黄铜管（右下）

仰韶文化庙底沟类型，约公元前 4000—前 3500 年。这两例黄铜器，是现知东亚大陆最早的铜制品。

"原始铜合金"这一概念，可以较好地解释早期用铜遗存："从矿石中带来的杂质，其存在标志着冶炼红铜的失败与早期冶铜技术的不成熟。含有这些杂质的铜与后来人类有意识进行人工合金而得到的各种铜合金，具有本质上的不同，并不能因为这些铜中含有锡或铅，就称之为青铜，更不能认为它们同于后世的人工有意识制造出来的铜合金。为了使二者有所区别，把这种早期的、偶然得到的、含有其他元素的铜叫作'原始铜合金'比较合适。"因而，"姜寨的'黄铜'片的出现，既是可能的，又是偶然的，应该是选矿不纯的产物。虽然这是一件世界上年代最早的'铜锌合金'，但它的出现对于后来的冶炼黄铜的技术并无任何实际意义，应属于原始铜合金"[22]。如此获取的原始铜合金具有极大偶然性且不能量产，在各地皆昙花一现，与后来青铜冶铸之间有大时段的冶金史空白。由于早期黄铜制品都含有较多杂质，其元素组成、成形技术存在较大差别，它们"更像是还原铜锌混合矿或共生矿制成的产物，与矿源的关系更大，而不是有意的技术传承"[23]。

甘肃东乡林家发现的青铜刀，系锡青铜，为单范法铸造，据信属马家窑文化，年代约当公元前 2740 年。该器为合范铸造，共出的"铜碎渣"是"铜铁共生矿冶炼不完全的冶金产物"，"可认为中国在冶炼红铜、青铜之前，存在着利用共生矿冶铜技术的探索实践阶段"[24]。如果此器年代和文化归属无误，那么就是迄今所知东亚大陆最早的青铜器。无论仰韶文

二 青铜潮前锋大扫描

化的黄铜器还是马家窑文化的青铜刀，含渣量均很高，表明当时还没有提纯的概念。

严文明教授指出，"现知在甘肃有丰富的铜矿，有些矿石中偶尔也会含有少量锡石即氧化锡，用木炭加温即可还原。所以林家青铜刀的出现，可能与当地矿产资源的条件有关，不一定是有意识地冶炼青铜合金的结果"。而"回顾人类文化发展的历史，往往有一些极重要的发明开始带有偶然性质，如果适应了社会的需要，就会很快推广和不断发展；如果一时并不急需，就将长期停滞甚至中断而失传，等到产生了新的社会需要后才重新发展起来。人类用铜的历史也有类似的情况"[25]。显然，这些零星的偶然发明，由于有很大的时间空白，在年代上并无连续的考古发现，不排除中断、失传的可能性，我们无法将其视为后来龙山时代晚期集中用铜现象的清晰源头。

也有学者认为，林家青铜刀所显现的"青铜技术的出现，仍不能不考虑西方文化渗入的可能性"[26]。这对早期用铜遗存出现的偶然性、断裂性以及合金的复杂面貌来说，不失为一个合理的解释。但马家窑文化时期来自西方传统的因素很少，因而有学者怀疑该器可能属齐家文化时期[27]。

山西榆次源涡镇陶片上发现的红铜炼渣，属仰韶文化晚期，年代约公元前 3000 年。但此发现至今存疑。该遗址系 20 世纪 40 年代发掘，出土了仰韶、龙山和东周各个时期的遗物，铜渣最初被认为是由上层地层混入的，后来化验表明其缺乏锡的成分，于是判断属龙山文化早期，后又被推定为仰韶文化晚期[28]。已有学者指出其"论据尚欠充分"[29]。

要之,在这两千年的时间里,数例零星出现于各地的红铜或原始铜合金皆昙花一现,作为孤例的青铜刀更是尚存争议。"在黄河中下游地区,尽管早期黄铜的出现可以从考古和技术的角度给予肯定的解释,但由仰韶文化到龙山文化,还看不出冶金技术演进的脉络"[30]。它们无法被视为青铜冶铸的先声。

红山人用过铜吗?

曾有学者提出内蒙古东部至辽西地区的红山文化后期(约公元前 3800—前 2900 年)已进入铜石并用时代[31],但所谓的用铜遗存,经冶金史与考古学测年等多学科分析,已被否定。

著名的辽宁凌源牛河梁遗址曾出土冶铜炉壁残片,原推断为红山文化晚期遗存,约公元前 3000 年前后[32]。后经碳-14 测年,"炉壁残片的年代为 3000±333—3494±340 BP,要比红山文化陶片和红烧土年代晚 1000 多年,属夏家店下层文化的年代范围"[33]。

除此之外,另两处关于红山文化铜器和冶铜遗存的发现则尚存异议。

在辽宁凌源牛河梁遗址第二地点 4 号积石冢的一座小墓内,发现一件小铜环饰,经鉴定为红铜,发掘者称此墓为"积石冢顶部附葬小墓",认为"这项发现地层关系清楚,材料可靠,被冶金史界称为我国迄今发现的最早的铜标本之一,也证明这一地区的冶铜史可追溯到五千年前红山文化"[34]。但在牛河梁遗址正式发表的发掘报告中,该墓被列于 4 号冢主体之外的"冢体上墓葬",这三座小墓"利用原冢的碎石砌筑墓框并封掩,叠压或打破冢体顶部的堆石结构"。除了这座墓出土了铜耳饰和玉坠珠各一件外,其他两座小墓无任何随葬品。报告没有明言其年代，但显然将其当作晚期遗存，结语中也未再提及红山文化铜器发现的重要意义。

内蒙古敖汉旗西台遗址出土了属红山文化中期的两组陶范，发掘者认为其中一组应是铸造小青铜饰的模具。另在房址和围壕内还出土了6件单扇陶范的残件。我们注意到，与凌源牛河梁遗址相类，西台遗址也属复合型遗址，"包含新石器时代兴隆洼、红山和青铜时代夏家店下层和夏家店上层等多种文化遗存"[35]。看来，这批陶范是否属红山文化，难以遽断。

到目前为止，尚无可靠的证据表明红山文化晚期遗存中存在用铜的迹象。

龙山前期　朦胧探索

就已有考古资料而言，龙山时代前期的用铜遗存主要发现于华东与华中低海拔地区，涉及的考古学文化有大汶口文化（晚期）、海岱龙山文化（早期）和石家河文化（中晚期），年代约公元前2500—前2100年。

海岱地区的大汶口文化晚期遗存，相当于龙山时代前期。在山东泰安大汶口遗址大汶口文化晚期墓的骨凿上发现铜绿，经鉴定含铜量为0.099%，但详细情况不得而知。有学者指出，"由于骨器在接触铜矿石（如孔雀石等）的情况下，也会产生绿锈的痕迹，并不能作为已出现金属器的证据"[36]。

关于该墓所属大汶口文化晚期年代的最新认识是，"大汶口文化结束的时间和龙山文化兴起的时间约为公元前2300年前后，比传统的认识晚了约200年"[37]。由是，以往认为偏早的华东地区用

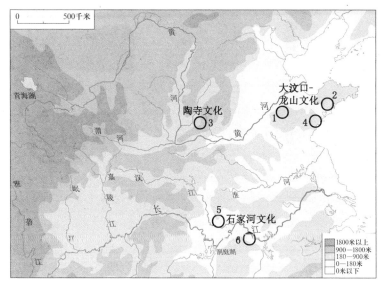

龙山时代前期用铜遗存分布
1.山东泰安大汶口；2.山东胶州三里河；3.山西绛县周家庄；
4.山东日照尧王城；5.湖北天门石家河遗址群；6.湖北阳新大路铺

铜遗存的年代，被延后300多年，这强化了对用铜遗存西早东晚态势的认识。

此外，山东胶州三里河遗址曾出土铸造的黄铜钻形器，属龙山文化早期；山西绛县周家庄遗址也发现了属陶寺文化早中期的锻造黄铜片。这两例黄铜器的发现，或与前述仰韶文化的同类发现一样，应非有意的技术传承，而与矿源的关系更大。山东日照尧王城遗址则发现了龙山文化早期的铜渣。

在长江中游湖北天门石家河遗址群的石家河文化中期遗存中，发现了数件铜器残片，其中罗家柏岭地点发现5件，邓家湾地点则发现了1件可能为刀的残片，材质不明，两处地点还分别发现了铜

胶州三里河黄铜钻形器（左、中）、绛县周家庄黄铜片（右上）
和天门邓家湾铜片（右下）

绿石（孔雀石）或锈蚀铜渣等。在肖家屋脊、印信台等地点出土了"铜矿石"，据分析应为孔雀石，或为加工饰品后的废石料，未必全与冶铜有关[38]。荆门屈家岭遗址屈家岭文化晚期至石家河文化早期遗存中出土了20余件铜矿石标本，据检测分析，这些矿石多为含磷的假孔雀石和磷铜伴生矿，少量为孔雀石。部分矿石表面覆盖一层黑色氧化铜，是矿石经焙烧后的产物。由于目前未发现其他冶炼遗迹，这些焙烧产物是否与冶炼活动直接相关尚无法确证[39]。

长江南岸的湖北阳新大路铺遗址石家河文化晚期遗存中，还发现了青铜残片，该残片较为原始，锡、铅含量皆高于铜；此外还发现了炉壁、炼渣、矿石等。大路铺遗址是东亚大陆早期用铜遗存分布最南的地点之一。阳新县毗邻江西瑞昌市，后者是商周时期著名的铜岭矿冶遗址所在地。

值得注意的是，在上述湖北沿江地带早期用铜遗存之后，直至相当于二里岗文化早期晚段（约公元前1500年以后）的武汉黄陂盘龙城遗址铜器墓的出现，中间有大约600年的用铜"空白期"。盘龙城遗址铜器群，显然与中原地区的二里岗文化存在密切的关联。大路铺遗址还发现了丰富的晚商早期至春秋时代的矿冶遗存。发掘者认为该遗址新石器时代文化遗存和被称为"大路铺文化"的商周时代遗存之间"存在时间上的缺环，没有直接的承继关系"。这一地区在龙山时代，冶铸铜器的尝试很可能在短期内就夭折了。

要之，龙山时代前段的数例用铜遗存中，唯一可确认器形的是胶州三里河遗址出土的两例黄铜钻形器，推测应属于一件器物[40]。除了这两例黄铜器外，仅在石家河遗址群发现残器数件（包括邓家湾地点出土的疑似刀的残片），但材质不详，背景不清。此外就是铜矿石、铜渣、炉壁和坩埚残片等与冶铸相关的遗物。这表明，在整个东亚大陆，此时对金属加工的探索仍处于初期阶段。

多种合金尝试期（公元前2100—前1700年）

公元前2100年前后，东亚大陆各地的用铜活动才开始增多。除了之前已有的黄铜、红铜、锡青铜外，还出现了铅青铜、锡铅青铜和砷青铜。制造方法上，锻造和范铸并存；虽已发现了零星的较复杂的复合范铜铸件，但尚无成功制造出铜容器的证据。在龙山时代末尾阶段，中原腹地的嵩山周围兴起了新砦类遗存和二里头文化初期（第一期）遗存（约当公元前1900—前1700年），多种合金尝试期延续至这一阶段。随着时间的推移，考古年代学测年的精度

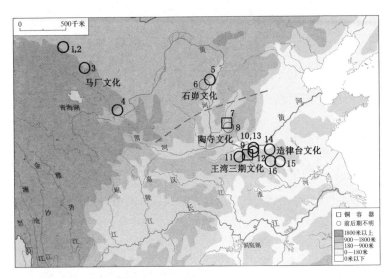

龙山时代后期早段用铜遗存分布

1.甘肃酒泉照壁滩；2.甘肃酒泉高苜蓿地；3.甘肃张掖西城驿；4.甘肃永登蒋家坪；5.陕西神木石峁；6.陕西榆林火石梁；7.山西襄汾陶寺；8.山西曲沃东白冢；9.河南登封王城岗；10.河南郑州牛砦；11.河南汝州煤山；12.河南新密古城寨；13.河南郑州董砦；14.河南杞县鹿台岗；15.河南鹿邑栾台；16.河南淮阳平粮台

在提高。我们可以把这数百年时间再细分为两个小时段，从中窥知东亚青铜潮的扩展过程。

早段相当于公元前2100—前1900年。虽然各地用铜遗存开始增多，但一般聚落中的成形器物，只有器形简单的刀、锥等小型工具，并无明显进步。与此形成鲜明对比的是，中原地区某些中心聚落异军突起，开始铸造工艺较复杂的铜铃和容器等空腔器。

西北华北　高地先亮

这一区域发现用铜遗存的遗址，海拔多在1500米到2500米之

马厂文化晚期铜器
左：红铜锥（酒泉照壁滩）；中：红铜块（酒泉高苜蓿地）；右：残青铜刀（永登蒋家坪）

间，是较早集中出现用铜遗存的地区。

河西走廊上的甘肃酒泉照壁滩、高苜蓿地遗址分别发现了红铜锥（锻造）和红铜块（铸造）。张掖西城驿遗址，则发现了炉渣（炼铜渣）。陇东地区永登蒋家坪出土的残青铜刀，应系双合范铸造而成。目前最新的认识是，这些遗存均属马厂文化晚期，年代约公元前2100—前2000年[41]，与东乡林家马家窑文化青铜刀之间，相差600余年。

应指出的是，西北和北方地区以往的测年数据，与黄河中下游、长江中下游遗存的系列测年数据不具可比性。而中原地区"与传统的考古学文化谱系的编年框架相比较，新的认识普遍晚了约200至300年"[42]。就西北和北方地区早年的测年结论而言，这是一个可资比较的参考数值。

与甘青地区的发现大体同时，陕北地区神木石峁遗址的早期遗存中发现了铜锥，时代约为公元前2100年前后。遗址采集的铜片和铜锥，据传出自石峁遗址的铜齿轮形器，以及榆林火石梁遗址发

据传出自神木石峁的铜环与共存玉器

现的残铜刀等，或属此期遗存。

　　在可确认的公元前1900年之前的用铜遗存中，最令人瞩目的是山西襄汾陶寺遗址陶寺文化中晚期的发现。一件盆（？）的残片用砷铜铸造而成，时代属陶寺文化中期。在陶寺文化晚期的一座小墓中，发现了一件红铜铃，亦属复合范铸造技术的产物。但此铃较为粗糙，且多孔，证明红铜铜液确实因流动性差，易吸收气体，这可能是至今红铜容器都较少的原因之一[43]。

　　陶寺遗址陶寺文化晚期遗存中还发现有砷铜齿轮形器、红铜环和蛙形饰，前二者与上述陕北地区据传出自神木石峁遗址的铜齿轮形器、西北地区的铜环类似。据报道，最近又发现了一件铜璧形器。另在曲沃东白冢遗址采集到坩埚片，或属陶寺文化。

　　陶寺遗址出土的铜盆（？）残片和铜铃，开启了东亚大陆利用陶质复合范铸造空腔器物和容器的文化传统之先河。该遗址位于广义中原地区的西北部，邻近西北、北方地区的区位特征值得重视。有的学者直接将其划归"高地龙山社会"[44]，是有道理的。值得注意的是，陶寺遗址出土的铜器都不是大

襄汾陶寺铜器组合
1. 砷铜盆残片；2. 红铜铃；3. 砷铜齿轮形器；4. 铜璧形器；5. 红铜环；6. 红铜蛙形饰

墓中的随葬品，都与后来以二里头为先导的中原王朝的青铜礼器没有承继关系，也无证据表明它们是贵族身份地位的象征。在陶寺遗址没有发现铸铜作坊，这些铜器的功用和生产地等问题还有待进一步探究。

中原出彩　东南空寂

这一区域存在用铜遗存的遗址多分布在海拔 20—250 米，早至公元前 1900 年以前的用铜遗存，基本可确认的仅有数例。

河南登封王城岗遗址龙山文化第四期遗存中，出土了一件青铜容器（可能为鬹）的腹部或袋状足的残片，其年代与

公元前

2000—东亚大陆最早使用复合范铸造的青铜容器

小心地剔取青铜容器残片　　　　　　出土时的原状

登封王城岗青铜容器残片及清理现场

陶寺文化晚期大体同时。这是东亚大陆现知最早的用复合范铸造法（块范法）制作的青铜容器。

此外，在郑州牛砦、汝州煤山、新密古城寨等遗址出土了熔炉残块、残片和可能为熔炉的陶缸残片。上述遗存均属王湾三期文化晚期。郑州董砦遗址出土王湾三期文化的铜片或属此期。

豫东地区分布着造律台文化，在河南杞县鹿台岗、鹿邑栾台遗址相当于造律台文化中晚期的遗存中分别发现了可能是刀的铜器残件和铜块；在淮阳平粮台遗址发现了铜渣。这些铜器和铜渣等在遗址内单独存在，至今尚未发现明确的制造场所遗迹。

从用铜遗存较普遍地存在于普通聚落，而铜器又基本为日常用品的情况看，最初冶铜和锻铸铜器的行为应是"群众性"的。诚如有的学者指出的那样，这一时期，"东亚大陆上几乎所有重要的聚落，都着手进行铜器铸造的实验，这些实验，大多数都失败了，即使有成功的，也未对整个社会造成太大的影响"[45]。

值得注意的是，最先出现使用复杂的陶质块范法铸造空腔铜器的山西襄汾陶寺和河南登封王城岗遗址，都是中原文化区，即地跨上述高海拔地区和低海拔地区两大地理板块、以河南为中心的黄河中游地区的中心城邑。前者地处东亚大陆西北高地区的东南缘；后者地处东南低地区的西北缘，与西北高地区接壤。从地理位置上看，它们都是面向内陆地区的。

晚段相当于公元前1900—前1700年。在综述这一阶段的用铜遗存发现之前，我们先梳理一下最新的考古发现与研究，确认那些原来认为存在用铜遗存而据现有材料可初步排除的区域，以便廓清青铜潮前锋波及的区域与上限。

龙山时代　东北无铜

前面我们说到，并无确切的证据表明，大体相当于仰韶时代的红山文化已有用铜遗存发现。接下来的问题是，东北地区南部是否如以往所认为的那样，在龙山时代开始出现用铜遗存。

这涉及两个问题，一是地处内蒙古东部和辽西山地区的夏家店下层文化的起始年代能否早到龙山时代；二是辽东半岛上的双砣子一期文化是否为东北地区最早发现青铜器，甚至进入青铜时代的考古学文化。

辽西晚出

夏家店下层文化，是该区域最早进入青铜时代的考古学文化。20世纪80年代，有学者推测该文化早期与中原龙山文化（晚期）相当[46]。此后，虽然夏家店下层文化的年代仍被推定为大约公元

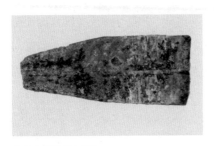

大连大嘴子残青铜戈

前2000—前1400年[47],但一般认为"大致同中原地区二里头文化和早商文化相当"[48]。随着夏商周断代工程和中华文明探源工程系列测年研究的不断深入,最终"将二里头一期的年代上限定在不早于公元前1750年,显示了年代结果由模糊到相对清晰,由粗泛到细化的变化过程"[49]。夏家店下层文化的起始年代显然也应做相应的修正,不能早于二里头文化的起始年代。

辽东有疑

在位于东北地区南端的辽东半岛,大连大嘴子遗址第一期文化层(属于双砣子一期文化)中曾出土了一件残青铜戈。多有学者认为这标志着该文化已经进入了青铜时代,年代大约公元前2100—前1900年[50]。

但对于这件器物,也有不同的声音。有的学者指出,"从北方地区大文化背景看,中原二里头文化始进入青铜时代。在此之前,整个黄河流域包括山东龙山文化在内,铜器的出土地点和种类虽有不少,青铜器也占有一定比例,但尚没有达到铸造青铜戈那样的工艺水平,而东北同时期遗存更无确切实例可证。大嘴子青铜戈还有待进一步考实"[51]。另有学者认为此铜戈的援部具有"商代早中期"（二里岗文化或稍晚）的风格[52]。《中国考古学·夏商卷》和关于青铜戈的系统性研究著作《早期中国青铜戈·戟研究》均未述及此器[53]，这已能显现学术界对该器类别和时代的存疑态度。

无论如何，此残器圆柱形中脊的形制具有相当的先进性，是显而易见的。在该区域，晚于双砣子一期文化、与胶东半岛的岳石文化大体同时且有一定关联的双砣子二期文化，基本无青铜制品发现[54]。因此，对这件属于孤例的铜器持慎重态度是合适的。

排除了东北地区后，此期包含用铜遗存的考古学文化有西北与华北高地区的西城驿文化、齐家文化（中期）、石峁文化（晚期），以及华中与华东低地区的新砦类遗存和二里头文化（第一期）等。

高地前沿　繁星密布

大约公元前2000—前1700年，在河西走廊地区，西城驿文化[55]的分布最西达于敦煌一带，有证据表明这一文化人群可独立冶炼红铜和含砷、铅等合金。在新疆哈密天山北路遗址发现了西城驿文化风格的铜器，可能是该文化西向影响所致。河西走廊偏东区域，西城驿文化与齐家文化共存，二者冶金遗存的面貌难以区分，形成"西城驿-齐家冶金共同体"[56]。在甘肃武威皇娘娘台、海藏寺、临夏秦魏家和张掖西城驿等遗址，都发现了相当数量的铜器，器类仍以工具（如斧、刀、锥、凿、钻等）和装饰品（如环、泡等）为主，红铜、砷铜、青铜兼有，锻造与铸造并存。在西城驿遗址发现了铸造铜镜的石范，还发现了鼓风管、矿石、炉渣、炉壁

二　青铜潮前锋大扫描

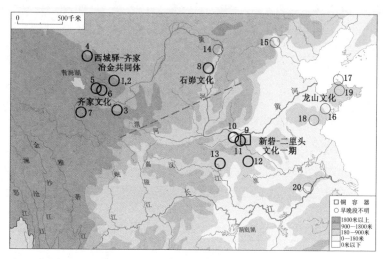

龙山时代后期晚段用铜遗存分布

1.甘肃武威皇娘娘台；2.甘肃武威海藏寺；3.甘肃临夏秦魏家；4.甘肃张掖西城驿；5.青海大通长宁；6.青海互助总寨；7.青海同德宗日；8.陕西神木石峁；9.河南新密新砦；10.河南偃师二里头；11.河南登封南洼；12.河南郾城郝家台；13.河南淅川下王岗；14.内蒙古准格尔旗二里半；15.河北怀来官庄；16.山东诸城呈子；17.山东长岛店子；18.山东临沂大范庄；19.山东栖霞杨家圈；20.安徽含山大城墩

等与冶金活动有关的遗存。该遗址从这一时期开始，可能是河西地区的一处冶金中心。青海大通长宁、互助总寨、同德宗日遗址齐家文化早期用铜遗存也有类似发现。

西城驿遗址发现的镜范，是东亚大陆迄今所知最早的石质镜范。铜镜的渊源，或可上溯至欧亚草原和中亚地区。

陕西神木石峁遗址的晚期遗存出土了铜质有銎镞和刀，以及制造刀、锥的石范。石峁遗址出土的有銎镞，是东亚大陆现知最早的铜镞。制造有銎器，显然也是内亚地区的制器传统。该遗址出土的石质刀范和锥范，是东亚大陆现知最早的工具类石范。

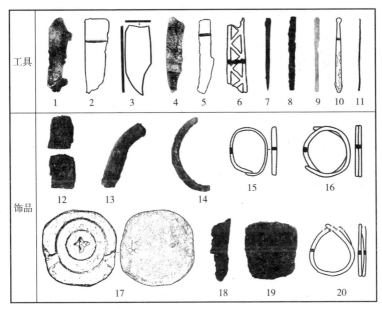

"西城驿–齐家冶金共同体"铜器组合
1—6.刀；7、8.锥；9.凿；10.钻头；11.铜条；12—16、20.环；17.镜范；18.管；19.泡
（1—6、9、10出自皇娘娘台，7、8、11、12、13、17—19出自西城驿，14—16、20出自宗日）

有学者指出，正是西城驿文化形成的冶炼中心对齐家文化产生了强大的吸引力，才促使其大规模西进[57]。无论如何，齐家文化冶金技术（铜器）的出现确实是这支文化到达河西走廊以后的事。西城驿文化人群较先掌握了冶炼技术并从事冶炼活动，齐家文化的冶金技术应直接来源于西城驿文化[58]。

齐家文化虽发现较早，但一直没有建立起综合的分期框架。1987年，张忠培发表的《齐家文化研究》一文，可被视为奠基之作，其初步分期研究结束了把延续数百年的齐家文化当作一个整体看待的局面。就用铜遗存而言，他把齐家文化分为三期8段，指出

神木石峁皇城台出土石范、铜刀

经鉴定为青铜制品的遗迹单位均属于齐家文化第三期,而早于第三期的铜器全部为红铜。"在中国广大土地上孕育出来的许多不同谱系的考古文化中,还只有齐家文化可能被认为是独立地走过了纯铜—青铜这一基本完整的制铜技术的过程。"[59] 在此基础上,滕铭予提出了更为系统的甘青地区早期铜器起源和发展的序列:红铜、原始铜合金—红铜—红铜、青铜—青铜,认为这"反映了这一地区早期冶铜技术从不成熟到成熟的发展过程"[60]。

依韩建业的分期方案,"齐家文化中期"相当于龙山时代后期的铜石并用时代晚期(约公元前2200—前1900年),偏西的河西走廊东部诸遗址发现红铜器;而"齐家文化晚期"相当于夏代晚期至商代初期的青铜时代前期(公元前1900—前1500年),红铜与锡青铜、铅青铜、铅锡青铜共存[61]。这里被归为齐家文化中期的河西走廊东部诸遗址,如前所述,大致属于"西城驿-齐家冶金共同体"。

在最新发掘的甘肃临潭磨沟齐家文化墓地中，北区的墓葬年代较早，大约相当于齐家文化中期。其中两座墓的"随葬陶器中，各有1件白陶盉，形态甚似二里头文化的同类器物"，与二里头文化第二期（绝对年代约公元前 1680—前 1610 年）[62]晚段相当，可知这类墓葬的年代不早于此。这与最新估定的齐家文化的年代框架大致吻合："暂时可以将齐家文化的年代上限定在公元前三千纪末叶，年代下限则相当于公元前二千纪中叶，公元前 2100—前 1450 年应当是一个可以参考的年代范围。"[63] 因此，齐家文化青铜器出现的年代最早与二里头文化早期的年代大致相近，最晚则相当于二里岗文化早期。

中原持续　互动创新

河南新密新砦遗址出土的一件红铜容器（可能是鬶或盉类酒器）残片，相当于中原龙山文化和二里头文化之间的"新砦类遗存"，年代约公元前 1850—前 1750 年[64]。该遗址的"新砦类遗存"中还出土了含砷的红铜刀、砷铜片和錾等。

相当于二里头文化第一期的遗存中，用铜遗存乏善可陈。新密新砦遗址发现了含砷的红铜残片和红铜块；偃师二里头遗址发现了青铜刀和红铜刀各 1 件，还出土了铜渣。登封南洼、郾城郝家台和淅川下王岗遗址分别出土了红铜凿、铜棒和若干残铜器。

从王城岗遗址的青铜容器残片，到新砦遗址的红铜容器残片，是东亚大陆腹心地区开始尝试制造铜质礼容器的例证。在二里头文化早期（第一期乃至第二期），关于铜质礼容器铸造的线索了无踪迹，虽有考古发现的或然性，但也暗示着铸造探索过程的曲折不易。

新密新砦红铜容器残片

此外，还有数例仅知大体属于此期而无法确认具体时段的用铜遗存，它们分布于内蒙古准格尔旗，河北怀来，山东诸城、长岛、临沂、栖霞，安徽含山等地，产品均为造型和工艺简单的小件日常用品和装饰品。还发现了铜渣和可能与熔铜有关的坩埚片等。

综上所述，在公元前4700年至前2100年间，东亚大陆所出现的零星用铜遗存应属"原始铜合金"，是古人"利用共生矿冶铜技术探索实践"的产物，其出现具有偶然性，且不能量产，与后来红铜、青铜器生产的时代之间存在大时段的历史空白。因而，这一阶段应仍属新石器时代的范畴。"新石器时代中期（仰韶）与晚期（龙山）的遗址中出土的残铜器或冶炼遗迹，经常是在其考古学文化或遗址中为孤例。换言之，即使证明出土的层位无误，偶然出现的冶铜经验，并未传承或推广，更未引发社会变化——比如有组织、有系统地找寻矿源，形成新的武器系统，形成新的意识形态，或新的礼器系统等——引领整体社会进入另一个阶段。"[65]

由上述观察可知，东亚大陆应不存在以使用红铜器为主要特征的所谓"铜石并用"时代。齐家文化铜器出现的初始阶段、陶寺文化中晚期是否仅使用红铜，有待于今后发现的证实。即便它们都有一个以使用红铜器为主的阶段，其延续时间也不过两三百年。在多数区域，早期铜器的使用呈现出红铜、砷铜、青铜并存的状况。延续时间短、各种材质的铜器共存，暗示着用铜遗存出现的非原生性。

正如多位学者已分析指出的那样，东亚大陆用铜遗存的出现，应与接受外来文化影响关系密切。"中国西北地方对来自中亚及以远地区的冶金术并非全盘被动地接受，而是主动加以改造和利用，并不断形成自身的特色。"[66] 在这里，"主动加以改造和利用，并不断形成自身的特色"就是技术创新的过程，也正是这样的过程才导致中原地区"华夏风格"冶金术的崛起。而"区域互动与技术创新是理解中国早期铜器区域特征的两把钥匙。因为有区域互动，所以会出现不同区域间某些文化因素的相似，如喇叭口耳环在西北和北方地区的流行；因为有技术创新，所以在某些区域的某些阶段会出现一些新的文化因素，如铜铃或组合范铸技术在中原地区的初现。因此，围绕区域互动与技术创新展开更深入的探究也应成为下一步研究的一个主导性方向"[67]。

至于东亚大陆部分区域进入青铜时代的时间，依据最新的年代学研究，要晚到公元前1700年前后了。

三 核心区域及其冲击波

经历了两千多年的"原始铜合金"初现期和四百年左右的多种合金尝试期，经历了与矿石和技术的偶遇、失传、反复试错、区域间此起彼伏的探索历程，中原文化区终于开始了从空腔响器（陶寺）、容器（陶寺）到复杂礼容器（王城岗、新砦）的复合范铸造试验，并直接催生了二里头文化和二里岗文化青铜文明辉煌期的到来。以二里头和郑州城这前后相继的两大都邑为核心，中原王朝以礼容器为典型代表的青铜文明先凭借着对"高科技"及其产品的独占显示了"黑马"的优势，继而向四围发射出强力的冲击波，扩展难以匹敌的文化影响，从而奠定了早期"中国"的基础。

从考古发现看，在龙山时代数百年"逐鹿中原"、邦国林立的局面结束后，地处中原腹地嵩（山）洛（阳）地区的二里头文化在极短时间内吸收了各区域的文明因素，以中原文化为依托，崛起成为早期王朝文明的先导。二里头文化、二里岗文化、殷墟文化和西周文化这一系列自身高度发达又向外施加影响的核心文化所代表的社会组织，从狭义史学上看可大体与夏、商、西周诸早期王朝对应，但二里头文化和二里岗文化因尚处于"原史时代"而无法具体指认[68]，就考古学观察到的社会现象而言，或可称为"广域王权国家"[69]。

广域王权国家与中国青铜礼容器群的出现具有同步性，耐人寻味。青铜礼器是集社会等级、财富、权力于一身的象征物，其地位远超玉器、漆木器、陶器等传统质料的贵族用器。铜器的材质本身给人以美感，古代便有"美金""吉金"之称，而且铜礼器的生产比制造其他贵族用器需要更复杂的技术、更高的管理技能、投入更多的劳动力。中原王朝以青铜容器为主的礼器群的这种礼仪功能，将其金属制造业与东亚大陆乃至世界范围内的其他地区截然分开，形成自身鲜明的特色[70]。青铜礼器成为礼器组合的核心，昭示了二里头文化的礼器群与龙山时代"前铜礼器"[71]群的重大分野，由此开启了三代青铜礼乐文明的先河。

先导二里头（公元前1700—前1550年）

异军突起于中原腹地的二里头文化，是华中与华东低海拔地区唯一进入青铜时代的考古学文化。其核心区所在的嵩（山）洛（阳）地区，正好位于高海拔地区与低海拔地区的接壤处。

二里头文化的年代，目前的认识是约公元前1750—前1520年[72]。总体上看，二里头文化上接属于中原龙山文化系统的王湾三期文化，下接二里岗文化。但在它与龙山时代的接续处，却远非"一刀切"那么简单。如前所述，在嵩山周围地区先是出现了新砦类遗存（约公元前1870—前1720年，以嵩山东南麓为中心），后来大概又有分布范围高度重合且有所扩展的二里头文化一期遗存（以嵩山西北麓为中心）与其共存过一段时间，或许还伴随中心聚落迁移甚至相互替代的情况，从而开启了初步地域整合的"二里头化"的进程[73]。这类"异质斑块"地域分布有限，一部分地区的中原龙山文化聚落下接"新砦类遗存"或二里头文化一期遗存，而其他地区则直接下接大范围向外扩展的二里头文化二期遗存，也就是说，各地龙山时代结束的时间并不一致。关于公元前1900—前1700年中原腹地文化嬗变期大的时段归属问题，学界异见纷呈[74]。

如前所述，相当于二里头文化第一期的遗存，仅有几处遗址出土铜器，且均为小件，可辨器形为刀、凿等，青铜器并未占有显著的位置。彼时的偃师二里头遗址，面积超过百万平方米，已成为区域性的中心聚落，甚至达到都邑级别。但其文化面貌、聚落布局的细节仍有待廓清；在空间上，向外扩展的范围远不能与二里头文化第二期之后的态势相比，而与"新砦类遗存"的分布和社会结构大致相近。因而，我们将二里头文化一期遗存归入青铜时代前的多种合金尝试期，将二里头文化第一、二期之间的大约公元前1700年，作为青铜时代肇始期的起始时间。

至于二里头文化的结束时间，其末期（二里头文化四期晚段）已显现出"二里岗化"的倾向，推测绝对年代在公元前1550—前1500年前后。

青铜大邑出中原

自二里头文化第二期之后，二里头遗址开始展现出其作为广域王权国家都邑的宏阔风貌。遗址面积扩展到现存范围的最大值——300万平方米，成为超大型聚落，原应更大。与此同时，用铜遗存也开始丰富起来，铸铜作坊始建于此期。其铜器数量、种类较之龙山时代诸文化、新砦类遗存和二里头文化一期遗存，都大幅度增多，冶铸技术也有了飞跃性的进步，在中国金属技术史上占有极其

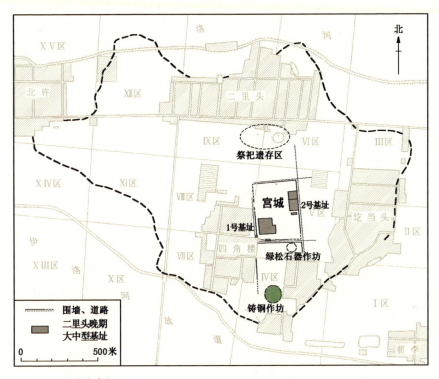

二里头遗址

重要的地位。

二里头遗址出土了大量铜器，包括容器、兵器、工具、响器和其他杂器，以及无法确知用途的铜块、铜片等。据最近的统计，二里头遗址出土铜制品总数超过250件，其中已经发表的近170件；另有冶铸遗物70余件[75]。在考古发掘出土的铜器中，各类礼容器、响器铜铃，以及牌饰和近战兵器如戈、战斧、钺等基本出于墓葬，铜工具和小件铜器多出土于各遗址的文化层和其他遗迹中。

二里头遗址铸铜作坊出土陶范

铸铜作坊是二里头遗址的重要发现之一。它坐落于宫殿区以南的围垣作坊区、邻近伊洛河故道,面积约 1.5 万—2 万平方米。该铸铜遗址从二里头文化第二期到第四期一直存在,大约延续使用了 200 年,是迄今所知中国最早的大型铸铜作坊、最早的铸造青铜礼容器的作坊遗址。出土了一批与冶铸有关的遗迹,包括"浇铸场"3 处、墓葬数座、窑 1 座;获取了大量冶铸遗物,包括陶范、石范、熔炉碎片、铜渣、铜矿石、木炭、小件铜器等,显现出铸铜工艺设施较高程度的专门化。从第二期到第四期,红铜所占比例呈下降趋势,青铜则呈上升的趋势;铸造不同器类的器物时,用料已区别选择[76]。

现有考古资料表明,达到复合范工艺技术最高水平的青铜礼容器应是在都邑内制造生产的。二里头遗址的青铜容器,器壁很薄,一般仅 0.17—0.28 厘米,表明二里头人在复合范铸造工艺上已达到了一定水准。中国古代青铜文化的若干特征,如复合范铸造法,主要用于制造酒器和兵器,礼容器和兵器的形制与组合等,都奠基于此。诚如有的学者所言,"外来的影响力对于中原地区而言,经过一站站的中转、筛选和改造而不断地被弱化,而中原地区冶金术的真正崛起并形成独立的华夏风格,则是二里头文化晚期才最终实现"[77]。

尽管"发达"如此,但总体上看,它仍显现出一定程度的原始性。首先,礼容器多仿照陶器制作,器形创新较少。青铜容器制作一般较为粗糙。较早的器物器表多留有范痕,未做仔细的修整。其次,器表多为素面,晚期或有简单的弦纹、乳钉纹及网格纹。再次,合金成分的检测结果显示,二里头文化青铜器是以含锡、铅均中等或偏低的三元合金为主的,尚处于由较低锡的青铜向典型锡青铜过渡的阶段[78]。相比之下，二里岗文化铜器的合金化程度加强，材质种类相对单纯，含砷的器物减少。

二里头文化第二期

作为考古学文化的二里头文化，前后四期的划分，主要基于对陶器群组合、器形变化及谱系的认识。可以理解的是，少数陶礼器以外的海量陶器，具有相当的"民间性"，与包括大型建筑工程和礼器在内的高等级遗存的递嬗并不一定具有同步性。我们依据现有的文化分期框架，重点考察高等级遗存尤其是青铜礼器的演变情况。

第二期遗存中除了刀、锥等小件铜器外，还发现属于复合范铸件的响器铜铃，尚不见青铜礼容器。

一件铜铃与绿松石龙形器共存于宫殿区内的贵族墓（2002VM3）中。据分析，此墓属于二里头文化第二期74座墓葬中3座甲类墓之一[79]。随葬品丰富，除铜铃和绿松石龙形器外，还有玉器、绿松石饰品、白陶器、漆器、陶器和海贝项链等，总计37件（组）。

要指出的是，这是迄今为止唯一因具有明确层位关系和器物组合从而可以确认属二里头文化第二期的铜铃。另外两座出有铜铃的所谓第二期墓葬，其中一座被盗扰，没有可资断代的陶器出土；另一座墓中铜铃与嵌绿松石铜牌饰共出，但报道极其简略，语焉不详，也未发表唯一的共出陶器——陶盉的图像资料。学者从多个角度分析，推测其或属二里头文化第三期。如是，则原来认为的最早出现于第二期的嵌绿松石铜牌饰也应属二里头文化晚期[80]。鉴于此，贵族墓2002VM3所

公元前
1700-

二里头文化最早的礼仪性铜器

1500-

二里头都邑高等级遗存期段分布示意

期段	宫殿区	作坊区	铜容器	其他铜器	玉石器	遗址面积（平方米）	聚落演变
一期早段							
一期晚段	1号巨型坑、建筑？骨器加工点			刀	绿松石珠	100万余	中心聚落或都邑？
二期早段	主干道网 3、5号基址	铸铜、绿松石器作坊 5号墙					
二期晚段					龙形器、柄形器	300万余	都邑肇始
三期早段	宫城 1、4、7号等基址		爵	铃			
三期晚段	2号基址		爵	铃、兽面牌饰？	璋、钺、圭		礼制变革
四期早段							
四期晚段（二里岗早期早段）	6、11号等基址	3号墙 10号基址	爵、斝、盉、鼎、盘面（已佚）	戈、钺、戚斧、铃、兽面牌饰、圆牌	戈、刀、璧、戚、钺、圭、石磬		礼制变革
二里岗早期晚段			斝			30万余	

与绿松石龙形器一起出土的铜铃,是二里头文化最早的礼仪性铜器

出铜铃是迄今可确认的二里头文化早期(二期)仅有的一件礼仪性铜器,也是二里头文化最早的礼仪性铜器。

铜铃铃体中空,桥形纽,单扉,器表有凸棱装饰。胎体厚实,铸造精良,以陶质复合范技术铸造,其品质较陶寺红铜铃上了一个大台阶。因铜铃仅见于高等级墓葬,可知此期铜器已作为社会身份地位的象征物来生产和使用。

二里头文化三期至四期早段

到目前为止,二里头遗址已发现的青铜礼容器有17件,它们集中出于二里头文化晚期,即第三、四期。其中数量最多的是爵,有13件,另有斝2件,鼎、封顶盉各1件。这些青铜礼容器主要出土于墓葬。在已发掘的400余座墓葬中,发表的出土铜器的墓葬仅20余座,而随葬青铜礼容器的墓葬就更少了,它们共同构成了二里头文化墓葬中的第一等级,表明青铜容器在二里头文化晚期成

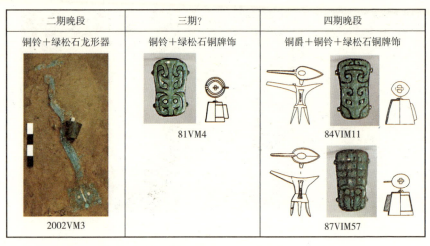

铜铃与绿松石镶嵌器的分期组合关系

为最重要的礼器。

近年来，重新审视二里头遗址二里头文化的分期问题，有不少新的认识，尤其是围绕二里头文化晚期重要遗存的期段归属。按目前的认识，属于二里头文化第三期的铜礼器墓只有2座，随葬1件铜铃的1座（原报告定为二期，应属三期早段），随葬2件铜爵的1座（原简报定为三期，属三期晚段）[81]。另有两座墓各随葬1件铜爵，被发掘者推定为三期，但因被扰，无陶容器出土或未发表图像资料，无从确证。其他原推定属二里头文化第三期的墓葬，应属第四期。因此，在二里头文化第二期，铜铃与绿松石龙形器同出，开创了铜铃加绿松石镶嵌器组合的随葬模式。我们注意到，在现知随葬铜铃的全部6座墓中，除了被扰和偏小的2座外，其余4座墓都是铜铃与绿松石镶嵌器如嵌绿松石动物纹铜牌饰或大型绿松石龙形器共出。偏早的绿松石龙形器与铜铃、偏晚的铜牌饰与铜铃的组合关系相对固定，绿松石龙形器和铜牌饰在墓葬中都置于墓主人的上半身。种种现象表明，绿松石龙形器和铜牌饰大致属同类器，后者应为前者的简化或抽象表现[82]。铜铃与动物母题绿松石镶嵌器是二里头文化贵族墓随葬品中较固定的组合，以这一组合随葬的墓主人或许都有特定的身份[83]。

这样，我们就可以大致勾画出二里头文化铜铃与绿松石镶嵌器的分期组合关系。

这一肇始于二里头文化第二期的随葬品组合，经二里头都邑两次大的礼制变革[84]，一直延续了下来。

二里头都邑高等级遗存的第一次礼制变革，大约发生在二里头文化第二、三期之间至第三期早段。在"不动产"的建筑方面，夯土宫城从无到有（第二期可能有栅栏类圈围设施，不易发现），宫殿区东路建筑从多进院落的3、5号基址，经一段建筑的空置期后，新建了单体又成组、具有中轴线规划的2、4号基址；在"动产"的礼器方面，在最早的空腔铜礼器——铃加绿松石镶嵌器（从龙形器到嵌绿松石铜牌饰）的组合之外，变陶爵为铜爵，开启了以青铜酒礼器为核心的时代。

最早的青铜礼容器——作为温酒和饮酒器具的爵出现于第三期，成为日后青铜酒礼器群的核心。在商至西周时代，能否拥有、拥有多少铜爵，是区分人们社会地位的重要标准[85]。这一传统要上溯到二里头文化早期，出土铜铃和绿松石龙形器的贵族墓2002VM3随葬有陶爵、陶盉、漆觚等酒器。到了二里头文化晚期，爵又成为最早的青铜礼器，可见它在礼器群中地位之重要。"由于当时处在我国青铜文明的早期阶段，青铜礼器的使用尚不普遍。因此,礼器(主要指容器类)的组合,往往是青铜器与陶器、漆器相配伍,青铜器单独配置成套的情形,并不多见。铜礼器与其他质料礼器搭配成组,主要是铜爵(或加铜斝)与陶盉、漆觚的组合,铜爵与陶爵、陶盉组合也常见。青铜器与漆器、陶器共同组成礼器群,构成二里头文化礼器制度的重要特征。"[86]

在早于二里头文化的龙山时代,其礼制尚属于"形成中的或初级阶段的礼制"。各地域文化的礼制内涵与形态各异,在这些"前铜礼器"群中,似乎还未发现以酒器组合为核心的礼制系统[87]。酒礼器即便有,也大多依附食器存在。只有二里头文化,才确立了"以重酒组合为核心的礼器组合"。"这是一个跨时代的变化,从此开启了夏商、西周早期礼器制度一以贯之的以酒礼器为核心的礼器制度。"[88]

就二里头都邑高等级遗存而言,二里头文化第三、四期之交似乎是一个守成的时段。从高等级遗存的现有材料来看,在二里头文化第四期的早、晚段之间,可能发生了二里头都邑的第二次大型礼制变革。二里头文化和二里岗文化的分野,或可提前到此时。鉴于二里头文化末期更大的"启下"地位,我们把这一时段移到二里岗文化的开篇来讲。

众星捧月看周边

二里头文化所处的时代,或可称为"二里头时代"。这一时代最大的特征是首次出现了覆盖东亚大陆广大地域的核心文化。其社会与文化发达程度、前所未有的强势扩张和辐射态势,使其当之无愧地成为标志性文化[89]。二里头时代,开启了东亚大陆从新石器

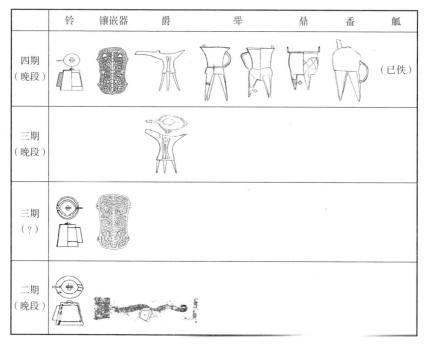

二里头文化第二至四期铜礼器组合

时代突入青铜时代、从多元邦国到初步一体化的广域王权国家的进程。从"满天星斗"到"月明星稀",它也开创了东亚地区青铜礼器制造中心的独占时代。

除了二里头都邑之外,考古工作者还在20多个二里头文化或与其相关的遗址中发现了用铜遗存。这些遗址的分布范围从二里头都邑左近的现河南偃师、洛阳、新安、荥阳、郑州、登封、新密、新郑,到周围的尉氏、驻马店、方城、淅川、三门峡陕州,山西垣曲、夏县、翼城,陕西华州、商洛以及湖北十堰郧阳等地。其中关于晋南地区相关遗址的归属,有的学者认为属二里头文化东下冯类

三 核心区域及其冲击波

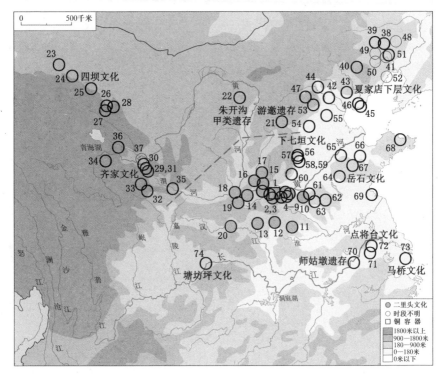

二里头时代用铜遗存分布

1. 河南偃师二里头；2. 河南偃师高崖；3. 河南洛阳东干沟；4. 河南新安太涧；5. 河南荥阳大师姑、竖河、西史村；6. 河南郑州洛达庙，黄委会青年公寓等；7. 河南登封王城岗、南洼；8. 河南新密新砦；9. 河南新郑望京楼；10. 河南尉氏新庄；11. 河南驻马店杨庄；12. 河南方城八里桥；13. 河南淅川下王岗；14. 河南三门峡陕州南崖；15. 山西垣曲古城南关；16. 山西夏县东下冯；17. 山西翼城苇沟；18. 陕西华县南沙村；19. 陕西商洛东龙山；20. 湖北十堰郧阳李营；21. 山西忻州游邀；22. 内蒙古伊金霍洛旗朱开沟；23. 甘肃瓜州鹰窝树；24. 甘肃玉门火烧沟、砂锅梁；25. 甘肃酒泉干骨崖；26. 甘肃张掖西城驿；27. 甘肃民乐东灰山、西灰山；28. 甘肃山丹四坝滩；29. 甘肃广河齐家坪；30. 甘肃临夏（原永靖）秦魏城；31. 甘肃康乐商罐地；32. 甘肃岷县杏林、西坪；33. 甘肃临潭磨沟；34. 青海贵南尕马台；35. 甘肃天水秦大山前；36. 青海西宁沈那；37. 甘肃积石山新庄坪；38. 内蒙古敖汉旗大甸子；39. 内蒙古赤峰四分地；40. 内蒙古喀喇沁旗大山前；41. 辽宁朝阳罗锅地；42. 北京房山琉璃河；43. 天津蓟州张家园；44. 河北怀来官庄；45. 河北滦南东庄店；46. 河北唐山古冶、雹神庙；47. 河北蔚县三关等；48. 内蒙古库伦旗南泡子崖；49. 内蒙古宁城小榆树林子；50. 辽宁凌源牛河梁；51. 辽宁北票康家屯；52. 辽宁兴城仙灵寺；53. 河北易县下岳各庄；54. 河北定州尧方头；55. 河北任丘哑叭庄；56. 河北邯郸涧沟；57. 河北峰峰北羊台；58. 河北磁县下七垣；59. 河南安阳孝民屯村北；60. 河南辉县琉璃阁；61. 河南杞县鹿台岗；62. 河南夏邑清凉山；63. 河南鹿邑栾台；64. 山东泗水尹家城；65. 山东济南章丘城子崖；66. 山东青州郝家庄；67. 山东沂源姑子坪；68. 山东烟台牟平照格庄；69. 江苏连云港藤花落；70. 安徽铜陵师姑墩；71. 江苏南京高淳朝墩头；72. 江苏句容城头山遗址；73. 上海闵行马桥；74. 重庆万州塘坊坪型，也有学者认为应单独划为东下冯文化[90]。

这些二里头文化遗址仅发现铜器40余件，冶铸遗物若干。铜器绝大部分为小件工具，还有少量铜镞属武器或狩猎工具，仅登封王城岗遗址一地出土铜容器残片，可见它们与二里头都邑等级高、数量大的青铜器群之间的显著差异。值得注意的是，其中荥阳大师姑、新郑望京楼属城垣壕聚落；荥阳西史村、登封王城岗、南洼、驻马店杨庄、山西垣曲古城南关、夏县东下冯等属环壕聚落。这些城址多被推断为区域性的中心聚落，其中不乏陶质礼器的发现[91]。没有围垣设施的郑州洛达庙、新密曲梁、方城八里桥、三门峡陕州西崖等，也发现有陶质礼器，它们也应属所处地域单位的中心聚落[92]。但在其中并无作为随葬品的礼容器等高等级青铜器发现。

因此可知，在二里头文化时期，二里头都邑是唯一能够铸造青铜礼器的地点，可谓一花独放。随葬青铜礼容器的墓葬，也仅见于二里头都邑，表明它不仅独占了高等级青铜器的生产，而且基本独占了对它们的政治消费。到了二里头文化末期即二里岗文化初期，青铜礼器才开始向外扩散。

至于若干冶铸遗物的发现，包括用于简单器具制造的石范、与熔铜有关的坩埚和熔炉残块等，表明一般性金属器具的生产与使用，并不在王权垄断的范畴内。

除发掘品外，二里头文化风格的青铜角据传出自河南洛宁、青铜爵据传出自商丘，或具有一定的参考意义，但都无法确认原始出土地。

地处豫西南、属于汉水流域的河南淅川下王岗遗址，出土了4件倒钩铜矛，应属二里头文化时期；而早年出土于二里头文化层中

三 核心区域及其冲击波

的钩状残铜器，似为此类铜矛的倒钩[93]，令人瞩目。这里是倒钩铜矛在东亚大陆分布的最南点。

蓬勃二里岗（公元前 1550—1300 年）

社会复杂化反映在考古学文化上，其特点是出现了核心遗址，相关考古学文化以核心遗址为中心分布，起讫时间也与核心遗址（都邑）的存废大体一致，都邑的迁移是导致考古学文化演变的重要因素[94]。作为早期王朝初期阶段的二里头时代与二里岗时代，统治者对青铜礼器铸造权保持着绝对的垄断。这种重要礼器生产上的排他性，可以作为判别核心都邑的决定性标志，也是这两个时代区别于随后殷墟和西周时代的一大特质。随着铸造青铜礼器的作坊由二里头迁至郑州南关外，二里头都邑沦为一般聚落，广域王权国家的都邑由二里头转移到了郑州城。二里头时代正式为二里岗时代所取代。而由二里岗时代向殷墟时代演进的契机，则是安阳殷墟替代郑州城成为主都。

如前所述，二里岗文化时期尚处于中原地区的"原史时代"，缺乏像甲骨文那样可以自证该文化人群族属与王朝归属的文书材料。"虽然传世东周文献如《诗经》《国语》对商史记载可及传说中先公与商的联系，考古由殷墟文化向前追溯至二里岗早商文化、先商文化，但迄今未见（或未释出）商代早期'商'字出土材料，因此文献所记盘庚迁殷之前是否称商，仍有待相关材料补充发现，深入探究",而一般认为"商地是以安阳殷墟为中心的商(滴)声地域"[95]。其而,根据甲骨文中"商"的用例和迁都于殷墟之前的都邑中没有"商"一名的事实,可知"商"是专指殷墟时期"殷"人的都邑,并非指成汤到帝辛的整个朝代[96]。而大邑商之前的都邑称"亳",属学界共识。因而仍贯彻拙著《先秦城邑考古》[97]所持的原则,对早于殷墟的相关考古学文化和城邑名,均暂不冠以"商"字,如"二里岗期商文化""郑州商城""偃师商城"等皆不用。

进入二里岗文化阶段,二里头都邑开始出现若干显著的变化,而郑州开始出现大型都邑,中心区兴建起了周长近7000米的内城夯土城垣,城圈面枳达3平方千米。城内东北部分布着较集中的宫室建筑群。在内城南墙和西墙外600—1100米处,又发现了外城城垣,由西南至东北,对内城形成环抱之势。外城加东北部沼泽水域围起的面积逾10平方千米。城址周围手工业作坊、祭祀遗存、墓葬区等重要遗存的分布范围达15平方千米。在其周边,还分布着众多小型遗址,应属"卫星"聚落。二里岗文化遗址相对集中分布范围约160平方千米[98]。厚重、发达的二里岗文化青铜礼器群,就是植根于这一超大型都邑舞台上的。据统计,郑州城及所在的遗址群发现的青铜容器共12类、130余件,兵器共3类、70余件[99],蔚为大观。

关于王朝时期商文化的上限,究竟可上推至二里头时代,还是始于二里岗文化,尚存争议。目前多数学者倾向于后一种意见,认为二里岗文化和殷墟文化构成商代考古学的主休[100]。到了二里岗时代,以郑州城为中心的二里岗文化不仅迅速覆盖了二里头文化的分布区,而且进一步扩大范围,先前黄河中下游地区存在的二里头

三 核心区域及其冲击波

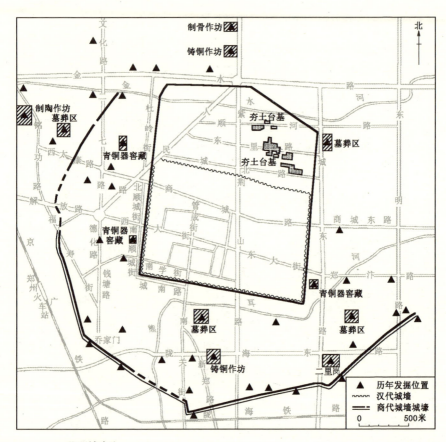

郑州城遗址

文化、下七垣文化和岳石文化鼎足而立的文化格局被打破，聚落形态和社会结构都有极大的飞跃。在东至渤海、西达关中、北抵冀中、南逾江淮的广大区域内，人们使用着一套共同的日常生活用陶器，形成了分布广阔的二里岗文化圈[101]。作为二里岗文化重要内涵之一的青铜器，上承二里头文化，下接殷墟文化，形成自身的鲜明特色；随着时间的推移，二里岗青铜文明也有一个以郑州城为中心，向四围急速扩展的过程。

与二里头文化青铜礼容器的生产与消费限于都邑的情形形成对比，二里岗文化青铜礼容器的使用超出了主都郑州城的范围，开始向四外铺展。在郑州城以外有较多的发现，尤其集中于郑州城附近区域，显现了郑州城在二里岗时代的核心地位。探究青铜礼容器的时空背景，显然有益于对其所属集团社会政治结构及其演变脉络的把握。我们对此期用铜遗存的梳理，也限于以容器为主的青铜礼器群，除个别区域的例证外，不再涉及其他品类的小件铜器。

在二里岗文化的分期中，四期段的划分方案[102]应用最为普遍。由于各期定名受时代的局限不甚规范，本书在采纳这一方案的基础上，将四期定名统一为：①二里岗下层一期，即二里岗文化早期早段（二里头－二里岗过渡期）；②二里岗下层二期，即二里岗文化早期晚段；③二里岗上层一期，即二里岗文化晚期早段；④二里岗上层二期（白家庄期），即二里岗文化晚期晚段。

早期承前　礼制初成

早段（二里头－二里岗过渡期）

近年来，学术界对二里头文化第四期的文化内涵及其反映的历史问题做了较为深入的探讨。但关于二里头文化第四期与二里岗文化早期早段在年代上的关系，以及相关遗存单位的文化归属问题还存在着不同的看法，无法对二里头文化和二里岗文化之交的遗存做明确的辨析。笔者倾向于认为，二者在年代上有共存关系，至少部分时段重合。而二里头文化末期（四期晚段）已进入二里岗时代，应属于二里岗文化的范畴。这是二里岗文化因素肇始于二里头和郑州城，以及郑州城开始崛起的时期。确属此段的青铜器较少，主要见于二里头遗址。

二里头与郑州城

· 二里头

考古发现与研究表明，在二里头文化末期几十年时间里，二里头遗址中心区的"不动产"——高等级遗迹发生了一些较为显著的聚落形态上的变化。始建于二里头文化第二、三期的若干大型建筑工程如宫城及7号基址（可能是宫城南门塾），1、2号宫殿等大中型建筑基址和围垣作坊区北墙局部受损，6、10号等建筑基址和围垣作坊区北墙3号墙兴建。我们注意到，位于宫城东路建筑群北端的6号基址依托宫城东墙而建、南邻2号基址，其宽度仍与早已存在的东路建筑群（2、4号基址）一致，说明6号基址属于东路建筑群的续建，该基址群西侧道路仍在使用；10号基址依托围垣作坊区的北墙5号墙（始建于二里头文化第二期）而建，虽压占于宫城南路之上，但并未完全阻断道路；新开掘于此期的两口水井，仍南北对应、颇有章法地建于1号基址西墙外。铸铜作坊和绿松石器作坊一直延续使用。种种迹象表明，这些建筑工程虽可能遭到了局部破坏，但仍存留于地表，甚至继续使用。此期的二里头聚落仍集中着大量人口，存在贵族群体和服务于贵族的手工业。这些新旧建筑工程到了二里头文化的最末阶段才被一并废毁。

遗憾的是，这些变化与铜礼器的生产、使用在时间上的对应，

偃师二里头	上：1.爵；2.盉；3、4.斝；5.鼎 下：6.上为战斧、中下为戈；7.钺；8.圆牌饰；9.铃；10、11.兽面牌饰
郑州黄委会	12.盉；13.鬲；14.戈
新郑望京楼	15.爵；16、17.斝
荥阳西史村	18.爵；19.斝
荥阳高村寺	20.斝
肥西大墩孜	21、22.斝；23.铃
武汉黄陂盘龙城	24.斝

二里头－二里岗过渡期的青铜礼器群

因无明确的考古层位关系支撑,尚无法究明细节。

按目前的分期认识,属于二里头文化末期的青铜礼容器墓有7座。到了此期,青铜爵之外的其他礼容器如酒器斝、封顶盉、盉(已佚)、食器鼎,以及礼兵器戈、长身战斧、钺,还有嵌绿松石铜牌饰等东亚大陆最早的青铜礼器群才开始在二里头都邑出现;此期墓葬中才开始出现铜爵、铜斝,铜鼎、铜斝、铜盉(已佚)的随葬品组合[103]。这与此前二里头文化第三期至四期早段墓葬中仅见青铜铃、嵌绿松石铜牌饰和铜爵等的简单礼器组合形成鲜明对比。总体上看,墓葬所见青铜容器和玉器等礼器的数量和质量均超过二里头文化第三期至四期早段。

1987年,二里头遗址出土铜鼎和圜底铜斝,此为现知最早的青铜鼎。此二器由农民发现并卖出,经调查可知,共出的还有一件疑似铜盉的器物,惜未能追回。简讯执笔者推断应出自同一墓葬,属于二里头文化第四期。有学者进而认为,鉴于"鼎、盉在已知的二里头三期墓葬中皆不见,所以此墓如确属二里头文化,亦当属四期偏晚,近于二里岗下层时期"[104]。"考虑到二里头文化没有使用陶斝的传统,这种新出现的组合方式当是受二里岗文化前身的影响。"[105]另有学者指出,该墓所出铜斝,鼓腹圜底、锥足有棱的风格一直延续至二里岗文化晚期早段[106]。甚至有学者认为这两件铜器已"属于二里岗期商文化系统"[107]。还有学者干脆将这两件铜器划归"早商一期青铜器",认为"早商一期青铜器主要出土于二里头遗址",除此墓出土的两件外,还包括出有著名的乳钉纹铜爵的贵族墓。这些器物上"开始出现简单纹饰"[108],而这些纹饰,的确可以被看作二里岗文化青铜器装饰风格的肇始。

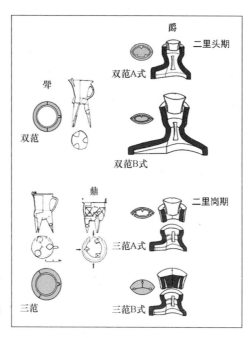

二里头–二里岗过渡期铜器铸造工艺的演变
（据宫本一夫文《二里头文化青铜彝器的演变及意义》附图改绘）

有学者指出此期铸铜技术上一个显著的变化是，铸造铜容器的复合范由双范变为三范，上述铜斝和铜鼎，就是迄今所知青铜器中最早的外范采用三范铸造的例证。这种工艺习见于其后的二里岗文化。出现铜鼎和铜斝的二里头文化第四期"应属于二里岗下层的最早期阶段"[109]。

二里头文化青铜容器铸造相对粗糙，到了二里头文化第四期时，少数器物制作才显得比较精良，注意修整范痕。

无论从形制源流还是铸造技术上看，二里头文化与二里岗文化的青铜文明都是一脉相承的，同时又可窥见阶段性的差异。值得注意的是，大致从二里头文化第四期晚段起，二里头都邑的铸铜作坊开始铸造鼎、斝等以非二里头系统陶礼器为原型的铜礼器，这与此前以爵、大体同时以盉和盃（已佚）等陶礼器为原型的铜礼器铸造规制有显著区别。而这些器类日后构成了二里岗文化青铜器群的主体。其背后暗寓的重大礼制变化，颇耐人寻味。

公元前
—1600

中国最早的青铜礼兵器群

最早的铜鬲
—1500

青铜礼兵器，也是二里头文化礼器群的重要组成部分。属于近战兵器的戈、钺、长身战斧共出土了4件，都是墓葬的随葬品。目前可确认年代者均属二里头文化末期[110]。学者在对青铜兵器的综合研究中，将商代早期青铜兵器的上限上溯到二里头文化四期偏晚阶段[111]。从材质成分以及兵器的刃部较钝等特征分析，它们并非用于实战，而是表现威权的仪仗用器，当时并未普遍使用。这是迄今所知中国最早的青铜礼兵器群。戈、钺在随后的二里岗文化时期继续使用，成为中国古代最具特色的武器。

· 郑州城

大体与二里头文化末期（四期晚段）同时，后来的郑州城宫殿区一带出现了大型聚落，据《郑州商城》报告公布的地点统计，该聚落或称聚落群的面积可达80万平方米，并发现大型夯土建筑。此期偏晚阶段，郑州城的城垣已开始兴建，但铸铜作坊尚未投入使用。

聚落内还发现了一座出土铜玉礼器的墓葬，该墓合葬三人，其中二人为殉葬人，随葬铜鬲、铜盉及铜戈等[112]。发掘者推断其年代为"洛达庙晚期晚段（即二里头四期偏晚阶段）"。这座墓葬出土的铜鬲，是现知最早的铜鬲。作为铜鬲原型的陶鬲与陶斝、陶鼎一样，在二里头文化中都属于普通炊器，陶鬲和陶斝不作为随葬品下葬。因此，这三种器物在二里头文化和二里岗文化之交，跻身于青铜礼容器的行列，令人瞩目。

发掘者认为，青铜鬲筒腹袋足的形制"与北方地区夏家店文化的陶鬲较为近似"，"带有明显的北方特征"。更有学者指出，同时期具有夏家店下层文化风格的筒腹陶鬲在郑州商城内外也有发现[113]。另有学者认为，郑州发现的筒腹青铜鬲与分布于东北平原南部的高台山文化一、二期的筒腹陶鬲近同[114]。无论如何，这一来自北方的异质文化因素的陶器被制成铜礼器，是颇耐人寻味的。

该墓出土的铜盉，保留了较多的二里头文化的因素。鬲、盉的组合及二器分别置于两殉葬人头顶的埋葬方式，都不同于二里岗文化早期墓葬的规制。

无论如何，二里头文化末期的二里头遗址墓葬随葬鼎、圜底斝、觚（已佚）和郑州城墓葬鬲、盉组合的铜器群，是连接二里头文化与二里岗文化青铜容器生产与使用的重要环节，在器物组合和形制等方面开启了二里岗文化青铜器风格的先河。

其他遗址

· 近畿地区

在二里头和郑州之间的郑洛区，荥阳西史村、高村寺和新郑望京楼等遗址也发现了具有二里头-二里岗过渡期风格的青铜礼器。

其中荥阳西史村墓葬出土了铜爵，其流尾间口沿平直、束腰的特征，与二里头文化第四期的铜爵类同。共出数件陶器，可确切推断属二里岗文化早期早段。

在荥阳西史村、高村寺遗址和新郑望京楼遗址采集的圜底铜斝，均体形瘦长，短柱，弧鋬，颈部饰双线网格纹带半周，与二里头文化第四期铜斝风格相近，年代"大致在二里头文化四期最

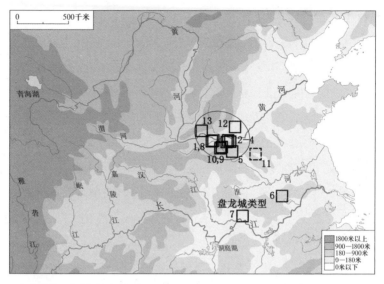

二里岗文化早期青铜礼容器分布
1.河南偃师二里头；2.河南郑州城及左近；3.河南荥阳西史村；4.河南荥阳高村寺；5.河南新郑望京楼；6.安徽肥西大墩孜；7.湖北武汉黄陂盘龙城；8.河南偃师城；9.河南登封王城岗；10.河南登封袁桥；11.河南商丘柘城孟庄；12.河南辉县孟庄；13.山西垣曲古城南关

晚"；新郑望京楼采集的另一件颈饰连珠纹带的斝，"年代应在二里头文化到二里岗文化之间"[115]。1974年望京楼遗址采集的铜爵可大致归入二里岗文化下层一期（早期早段），其鋬部仍带镂孔，保留了二里头文化铜爵的特点。

要之，青铜礼器组合中新器类的出现，以及青铜礼器从二里头时代仅为二里头都邑内的贵族使用到见于主都郑州城附近的其他聚落，反映了这一时期社会政治结构的重大变化。

· 江淮间与长江中游

地处江淮之间、巢湖西岸的安徽肥西大墩孜遗址曾出土铜斝和铜铃。两件铜斝均为平底，器高明显低于二里头文化四期的平底斝，更接近于二里岗文化早期的平底宽腹斝，应属二里头－二里岗过渡期的遗物[116]。同出的单翼铜铃与二里头文化第四期铜铃近同。该地在二里头文化至二里岗文化早期阶段，属于斗鸡台文化的分布范围。近年又在距其不远的肥西三官庙遗址出土了一批同期的青铜器。中原风格和具有地方特色的青铜器出现于该地的历史背景，还有待于进一步探索。

在长江中游武汉黄陂盘龙城遗址，也采集到一件属于此段的圜底铜斝。尽管该遗址发现了相当于二里头文化晚期的遗存，但采集所得单件器物一般不易排除为后世流散品的可能性，存此备考。

晚段

属于这一阶段的青铜礼容器仍然不多。最为难得的是数座铜器墓的发现，可据此大致了解随葬器物的组合关系。礼容器的分布开始仅以郑州城为中心，集中于都邑左近。

郑州城

郑州城的城垣始建于二里岗文化早期早段。到了早期晚段，内城和外城已筑好并投入使用；城内东北部宫殿区出现多座大型夯土建筑基址；位于内城以南、内外城之间的南关外铸铜作坊，内城以北的紫荆山北制骨作坊以及内城以西的铭功路制陶作坊也已开始使用。遗存的分布遍布内城和内外城之间，表明此时城市人口急剧增加。郑州城自此进入繁荣期[117]。

值得注意的是，郑州城南关外铸铜作坊的投入使用，与二里头铸铜作坊的废止大致前后相继。在二里岗文化早期晚段的铸铜作坊

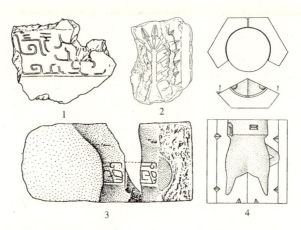

南关外铸铜作坊出土陶范
早期晚段:1.花纹范 晚期早段:2.镞范;3.爵外范;4.鬲外范(模型)

中,即发现用于铸造青铜容器的陶范,表明青铜容器是在都邑内铸造的。

郑州城范围内现知属二里岗文化早期晚段的铜器有10余件。这些铜器主要出土于33座同期墓葬中的3座,墓主人具有较高的身份和地位。3座墓出土的铜礼容器组合分别为:爵、斝;爵(3件)、斝、盉(据称曾出土,未追回);爵、盉。其中铜爵、铜斝的组合始见于二里头文化第四期,铜爵、陶斝或陶爵、陶斝的组合也见于二里头文化第三和第四期。这昭示了二里头与二里岗两种青铜文化间的密切关系。爵、斝、盉组合中的爵有3件,且伴出有玉器和海贝,表明墓主人的身份较高,以礼器的数量和种类彰显身份的规制已形成[118]。

其中一座铜器墓还随葬了4件陶器。典型陶器的伴出,使得同出的铜容器及其组合成为二里岗文化早期晚段的标尺。该墓所出铜爵上腹近直、下腹凸出且略深,流尾间口沿微凹;铜斝器身与三足

郑州城	1	2	3	4	5	6
	1—3. 爵；4、5. 盉；6. 斝					
偃师城	7		登封王城岗	8	9	
	7. 爵			8. 爵；9. 斝（或属过渡期）		
辉县孟庄	10	11	12	13	14	
	10、11. 爵；12、13. 斝；14. 鬲						
垣曲古城南关		15		16		
	15. 爵；16. 斝					
武汉黄陂盘龙城		17	18	19		
	17. 爵；18. 斝；19. 鬲					

二里岗文化早期晚段的青铜礼容器群

三 核心区域及其冲击波

均变矮，双柱加长且呈菌状。如此种种，都开始呈现出较典型的二里岗文化铜器的特征。

除了上述 3 座墓的随葬品，历年来在郑州城范围内还发现了数件属于此期的铜容器。

由上可知，二里岗文化早期晚段的铜器数量尚不多。除发现的或然性外，发掘者还注意到郑州南关外铸铜作坊遗址出土的此期陶范中，铸造容器的陶范较少，说明当时铸造青铜容器或许并不普遍。墓葬中礼容器的组合以酒器铜爵、铜斝的组合最多，或有另加铜盉或铜鬲的情况；也有铜爵、铜盉的组合。这些器物及其组合都是发端于二里头文化晚期至二里头－二里岗过渡期的。爵和斝成为青铜酒礼器的核心组合，形制上更具二里岗文化特色。纹饰上仍以弦纹为主，少数饰连珠纹或简单的带状兽面纹等。

偃师城与其他遗址

· 偃师城

坐落于洛阳盆地东部、东距郑州城约 80 千米的偃师城遗址，是二里岗时代在规模和规格上仅次于郑州城的大型城邑。该城最初建有圈围面积约 86 万平方米的小城圈，而后北、东两面外扩为大城，总面积约 1.9 平方千米。大型夯土建筑区位于城址的南部。

夏商周断代工程对两座城址的性质及其关系的初步结论是："郑州商城和偃师商城基本同时或略有先后，是商代最早的两处具有都邑规模的遗址，推断其分别为汤所居之亳和汤灭夏后在下洛之阳所建之'宫邑'亦即'西亳'的意见具有较强的说服力。"[119]

就遗存分布范围而言，郑州城在 10 平方千米以上，偃师城则基本上限于大城城垣以内。从城址规模上看，郑州城在建城之初即建有3平方千米的内城和规模逾10平方千米的外城；偃师城早期小城不足1平方千米，后来扩建的大城不足2平方千米。郑州城发现了为数众多的出土青铜礼器的墓葬和青铜器窖藏坑，还有铸造青铜礼器的作坊；偃师城则仅见个别随葬少量青铜礼器的墓葬。偃师城几乎平地起建，城垣宽厚且有意设计出多处拐折、城门狭小，就连城内府库类建筑都显现出浓厚的战备色彩，与郑州城的全面繁盛形成鲜明对比。如此看来，郑州城为主都，偃师城是军事色彩浓厚且具有仓储转运功能的次级中心或辅都、副都的看法，是较为妥当的。

偃师城遗址虽曾在小城外东北部发现与青铜冶铸作坊有关的遗存，但尚无铸造青铜礼容器的证据。该遗址发现2座属于此期的墓葬，均出土铜爵，各伴出有数件陶器，墓主人身份不甚高。该墓的年代约为二里岗文化早期晚段。

· 近畿与左近地区

此外，位于郑州城西南的登封王城岗和袁桥遗址，其墓葬中都出土了铜爵和铜斝。王城岗出土铜爵应属此期，铜斝的铸造年代似可早到二里头-二里岗过渡期。

河南东部商丘地区的柘城孟庄遗址，发现了用于冶铜的坩埚碎片，以及铜斝和铜爵的泥质内模，惜无图像资料发表。发掘者推测其"和二里岗下层遗存在年代上是接近的，应属同期的遗存"，但即便属于早期晚段，这种在主都郑州城之外的一般地点制造青铜礼容器的证据，还是需要慎重对待的。

辉县孟庄遗址位于太行山东麓，西南距郑州城70余千米。该遗址二里头文化聚落核心区的面积约30万平方米。其中两座墓葬出土了青铜礼容器，基本组合为爵、斝，或加上铜鬲。两座墓中均有朱砂，属中型墓。发掘者认为，"孟庄二里岗下层文化遗存与郑州地区商文化遗存的面貌十分接近"。

・晋南地区

位于黄河北岸中条山南麓、东南距郑州城160余千米的山西垣曲古城南关遗址，于此期兴建了一座面积为13万平方米的城邑，并使用到二里岗文化晚期。城东部集中出土小件铜工具、武器、铜渣和石范等，表明这一带可能是铸铜作坊。以此城址为中心的聚落群，分布范围约60平方千米。这座城址地理位置险要，防御坚固，军事色彩浓厚，物质文化面貌又与郑洛地区二里岗文化中心区保持着一致性，很可能是商王朝设在晋南黄河北岸的军事重镇，同时起到控制铜矿产地和其他资源、保证开采运输、抵御外来掠夺的作用。

城址内一座规模较大、有殉人的墓葬中出土了铜爵、铜斝，且随葬玉饰、卜骨和陶器等。年代在二里岗文化早、晚期之交。

・长江中游

距郑州城最远的随葬成组铜器的二里岗文化墓葬，发现于长江中游的湖北武汉黄陂盘龙城遗址，该地距郑州直线距离已逾440千米。整个遗址群由夯土城址及其周围矮丘和湖汊间台地上的若干一般遗址组成，总面积逾1平方千米。城址面积约7.5万平方米，其内发现大型夯土建筑基址群。

遗址中最早的遗存约当二里头文化晚期至二里岗文化早期，在南部区域王家嘴一带形成聚落。二里岗文化晚期则是该城址的兴盛期，城垣及城内的大型基址即修筑于此期。城外多处地点发现二里岗文化晚期的墓葬，李家嘴一带集中发现有随葬青铜器的贵族墓。

盘龙城遗址在城墙的夯筑技术、宫室的建筑手法、埋葬习俗及遗物特征等多个方面，都同二里岗文化有着明显的一致性。因而一般认为，盘龙城遗存是以一支南下的中原商文化为主体，融合本地及江南文化因素形成商文化的边地类型——盘龙城类型[120]。它的性质，可能是商王朝的军事据点[121]。

在盘龙城遗址，属于本段的墓葬仅在杨家湾发现一座，出土铜爵、铜斝和铜鬲，且伴出陶器数件。发掘者将其归为遗址第三期，推断约当二里头文化四期晚段。据分析，应属二里岗文化早期晚段[122]。杨家湾是盘龙城居民较早的墓地所在。

综上所述，这一阶段，青铜礼容器在郑州城外的分布范围进一步扩大，但总体上较零散。除了主都郑州城及近畿地区外，在偃师城、垣曲古城南关和盘龙城等重要据点性城邑中都有发现，表现出强烈的统一性。

晚期波峰　四方推展

二里岗文化晚期是二里岗青铜文明的鼎盛期。总体上看，以郑州城为中心出土的铜礼容器群，器类和数量都大幅度增多。据初步统计，食器有鼎，其中有方鼎、圆鼎，圆鼎中又有锥足、柱足和扁足之分，还有鬲、甗、簋；酒器有爵、觚、斝、盉、罍、尊、卣；水器有盘。此外还有中柱盂。与二里岗文化早期相比，器类增加了一倍多。青铜器的器壁增厚，纹饰多作条状分布但趋于复杂，且施纹面积扩大。

随葬品组合与二里岗文化早期相比，爵、斝仍是最重要的器类，出现频率最高。最令人瞩目的是，铜鼎开始成为组合中的主要器类，作为盛食器的鼎与作为酒器的爵、斝、觚是最基本的组合形式。在窖藏中还发现了大型王室重器。在主都郑州城，方鼎、提梁卣和中柱盂是仅见于窖藏而不见于墓葬的青铜容器。

早段

郑州城

二里岗文化晚期早段，郑州城城垣继续使用，早期的夯土建筑仍在使用，在城内东北部又新建、改建了多处大型夯土建筑；宫殿区的面积进一步扩大，里面还建有大型石砌蓄水池、石砌供水管道、木结构框架的水井等，形成完备的供水系统。原有的铸铜、制陶和制骨作坊继续使用，并在北城垣外的紫荆山新建了一座铸铜作坊；同时，在内城内外的多个地点发现铜器墓。此期为郑州城的鼎盛期。

据《郑州商城》考古报告的统计，郑州城发现此期墓葬 87 座，其中至少 10 座出土了青铜礼容器。这是郑州城二里岗文化前后两期四个阶段中发现墓葬最多的一个时段。这些墓葬分布于内城和内外城之间，有些相对集中，或属于特定的墓地。这些墓葬的规格都不甚高，仍有以陶器或象牙器等弥补铜器组合不足的情况。

此期墓葬所见青铜礼容器的组合与二里岗文化早期晚段大体相同，单件酒器爵、斝和单件食器鼎、鬲，或爵、斝、觚、鼎中的 2—4 种（一般每种 1 件），构成基本内容。除延续以爵、斝为酒礼器核心的组合外，新出的觚成为不可或缺的重要器类。以铜礼器特别是爵、斝、觚等酒器的套数来体现贵族等级与身份的制度已初步确立[123]。器物尾部做鱼尾状的宽线条兽面纹替代了此前构图简单

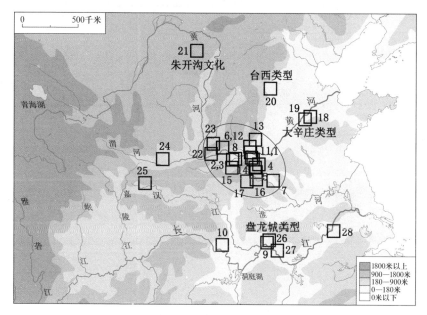

二里岗文化晚期青铜礼容器分布

1.河南郑州城；2.河南偃师城；3.河南偃师二里头；4.河南郑州中牟黄店；5.河南许昌大路陈村；6.河南焦作南朱村；7.河南周口项城毛冢；8.山西垣曲古城南关；9.湖北武汉黄陂盘龙城；10.湖北荆州荆南寺；11.河南郑州小双桥；12.河南焦作武陟大驾village；13.河南辉县琉璃阁；14.河南新郑望京楼；15.河南汝州临汝李楼村；16.河南漯河郾城拦河潘村；17.河南舞阳北舞渡；18.山东济南历城大辛庄；19.山东济南长清前平村；20.河北石家庄藁城台西；21.内蒙古伊金霍洛旗朱开沟；22.山西平陆前庄；23.山西夏县东下冯；24.陕西岐山京当村；25.陕西城固龙头村；26.湖北黄陂鲁台山；27.湖北黄冈黄州下窑嘴；28.安徽铜陵童墩

的细线条兽面纹，迅速成为主流。

此时，铸铜作坊的生产能力也达到极盛。南关外铸铜作坊既制作工具和武器，也制作青铜礼器；新兴建的紫荆山铸铜作坊仅能制作小型工具和武器类。这显示了两处作坊在生产上的分工和层级。

偃师城与其他遗址

二里岗文化晚期早段是二里岗文化分布范围最广、大幅对外扩

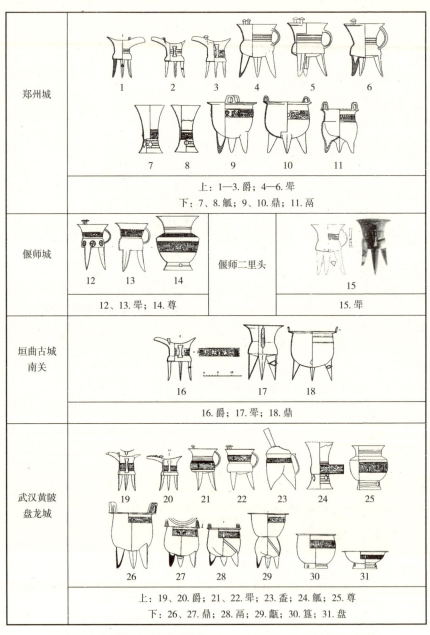

二里岗文化晚期早段青铜礼容器群

张从而产生强势文化辐射的阶段[124]。这在青铜礼容器的空间分布上也可窥见一斑。

· 偃师城与近畿地区

偃师城遗址发现了两座此期出土铜容器的墓，各出土爵和斝，伴出其他铜器和陶器若干。此外还采集到铜尊一件，或属此期。

偃师二里头遗址采集的颈部饰有三周圆圈纹的铜斝曾被发掘者定为二里头文化第四期。此后有学者认为"可能定为二里岗下层更好"[125]。更有学者指出，其纹饰特征见于郑州北二七路遗址出土的二里岗文化晚期早段的同类器[126]。

郑州城周围的中牟黄店、许昌大路陈村、焦作南朱村也出土了爵、盉、觚、斝、鼎等铜器，多可判定为墓葬所出，应大致属此期。

除了距郑州数十公里的近畿地区的上述发现外，位于郑州城东南约200千米的项城毛冢遗址出土了青铜爵、斝，并伴出铜戈。

· 晋陕地区

山西垣曲古城南关遗址作为二里岗文化所属集团的区域性重镇，此期持续兴盛。属于该期的一座铜器墓出有鼎、爵、斝，器物形制与组合都与郑州城近同[127]，鼎或可早到二里岗文化早期晚段。另伴出陶器。

此外，陕西以泾渭流域为主的区域零星出土了二里岗文化晚期青铜容器，如鬲、鼎等，或有早至此阶段者。但这类器物较为零散，多为单件，其中有些可能是晚商西周初辗转流传过来的，未必都是当地文化原有成分[128]。

· 长江中游

二里岗文化晚期是湖北武汉黄陂盘龙城遗址的兴盛期。历次发掘出土青铜器及采集品达350件以上,绝大部分属于此期。可确认属二里岗文化晚期早段的墓葬有数座。其中李家嘴的墓葬M2规格较高,随葬器物种类齐全,数量较多。食器有鼎,除锥足鼎外,开始出现扁足鼎,还有鬲、甗、簋;酒器有爵、斝、盉、觚、尊;水器有盘。一种多件甚至各种器物等量相配的组合方式开始出现。甗、簋、尊、盘等新出的器种都是同类器中最早的。新出水器仅见于规格较高的墓,表明水器似乎也开始具有身份等级象征物的功能了。

总体上看,盘龙城虽距郑州城所在的中原地区较远,但青铜礼器群显现了与后者高度的一致性。学术界逐渐认识到盘龙城所代表的江汉地区已纳入夏商王朝的政治版图,或者说中原王朝的控制范围到达了长江流域[129]。

近年,盘龙城遗址首次发现了包括石范、陶范、陶坩埚、铜渣、炉壁等在内的冶铸遗存。科技分析的结果表明,盘龙城有可能存在独立的青铜铸造业[130]。所出陶范较细碎,个别可能为青铜鼎、簋类器物的陶范块,表明除小型工具外,不排除当地铸造青铜容器的可能性。如是,这是二里岗文化时期都城地区之外铸造青铜礼容器遗存的首次发现。

湖北荆州荆南寺遗址的一座墓葬中,出土了青铜斝及若干青铜兵器、工具等,年代或属此期。

晚段

此期青铜器除作为墓葬的随葬品外,还见于郑州城内城外的几处窖藏,大型王室重器开始现身。青铜礼容器器类急剧增多,显示了铸铜工艺在此阶段已走向成熟。郑州城西北郊小双桥遗址的重要性开始显现出来。

郑州城与小双桥遗址

二里岗文化晚期晚段，郑州城内城的宫殿区还有夯土建筑遗存，发掘出一段东西向的夯土墙，长度逾百米。在内城西垣北段外的张寨南街、西垣南段外侧的南顺城街和东南城角外的向阳回民食品厂均发现此期铜器窖藏；内城外的白家庄、铭功路、北二七路等地则发现这一时期的铜器墓。可知此期的聚落仍作为都邑存在，商王室和贵族在这里活动。两处铸铜作坊至迟在此期偏晚阶段才废弃。

此期铜容器墓新出土盘和罍。铜器的形制、纹饰特点和器物组合形式已接近殷墟文化第一期。爵的腹壁已近直，铜器上主纹饰带以圆圈纹作为上下边框。

属于此期的三处铜器窖藏弥补了青铜礼器大多发现于中小型墓的不足，使我们对二里岗文化晚期青铜器的铸造技术与总体面貌有了较全面的了解。

1974年，位于内城西北段外的张寨南街出土了两件大铜方鼎，即杜岭1号、2号方鼎，2号方鼎内还有一件铜鬲。1号方鼎口横长62.5厘米，纵长61厘米，通高100厘米，重达86.4千克。2号方鼎口长宽均约61厘米，通高87厘米，重约64.25千克。这是迄今所知二里岗文化最大的两件青铜容器，应属王室重器。

1982年，位于内城东南角外的向阳回族食品厂又发现了窖藏铜器13件，其中食器有大方鼎、柱形足大圆鼎、扁足圆鼎，酒器有羊首罍、牛首尊、瓿、卣，水器有盘，还有中柱盂。两件大方鼎

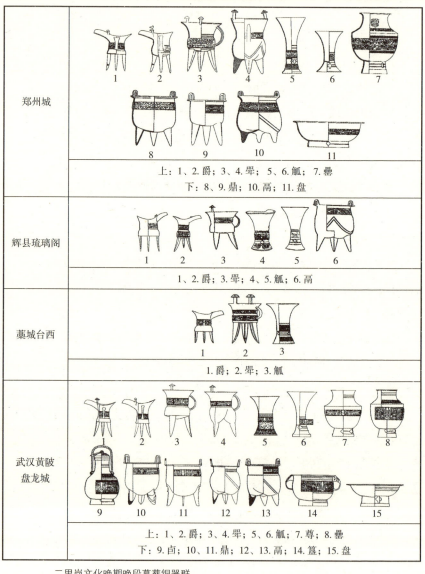

二里岗文化晚期晚段墓葬铜器群

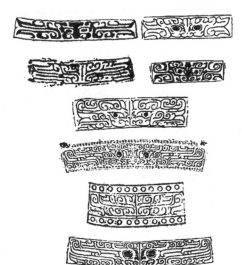

郑州城二里岗文化晚期兽面纹
(朱凤瀚《中国青铜器综论》543页)

通高皆为81厘米,重量分别为75千克和52千克。大圆鼎口径52厘米,通高达77.3厘米,重33千克,是二里岗文化最大的青铜圆鼎。器物纹饰精美,线条流畅,颇有王气。近柱状足圆鼎、扁足鼎、提梁卣、尊、罍、中柱盂等器类器形,以及从条状向通身扩展、繁缛细密化的纹饰,都开殷墟同类器及其装饰风格的先河。

1996年,位于内城西垣南段外的南顺城街又发现一处窖藏,系利用废弃的水井埋藏了青铜容器九件,其中食器有方鼎、簋,酒器有爵、斝,还有兵器若干。四件方鼎大小相次,似并非同时铸造,最大的一件通高83厘米,重52.9千克。其中三件含铅量高,与前述两窖藏出土的方鼎相比,制作简陋。所出铜爵腹近卵形;爵、斝均圜底或近圜,多有菌状或伞状柱,表明该窖藏的年代当属二里岗文化末期。

郑州城向阳回族食品厂窖藏铜器清理现场

郑州城南顺城街窖藏上层铜器组合

与此同时,郑州城西北郊的小双桥一带,开始出现规格较高的超大型遗址。小双桥遗址位于郑州城西北20千米许的索须河畔,地处邙山南麓余脉尽头,东北部有古荥泽。据最新勘查结果,遗址面积达300万平方米。该聚落延续时间较短,遗存主要属二里岗文化的最后阶段,即晚期晚段,也称白家庄期。

小双桥遗址发现了面积约2000平方米的大型夯土台基,原高至少在9米。在遗址的中心区,揭露出数处大规模的夯土建筑基址,包括牲祭坑、人祭坑在内的20余处祭祀遗存以及与青铜冶铸有关的遗存。遗址中发现了较多与冶铸有关的灰坑,内有黏附铜汁的熔炉壁残块、孔雀石、铜炼渣、烧土颗粒和陶外范残块等。大型夯土台基西侧壕沟内发现大型青铜建筑饰件,显示出不凡的规格。出土遗物十分丰富,有铜器、玉石器、原始瓷器、金箔、卜骨等珍品。铜器除建筑饰件外,还有爵、斝等容器的残片,以及兵器若干。与殷墟朱书文字和甲骨文一脉相承的朱书陶文尤为引人瞩目,这是目前发现的商代最早的书写文字。

关于小双桥遗址的性质,鉴于该遗址范围较大,规格较高,内涵丰富,年代与郑州城的衰落年代相当,而早于安阳殷墟,有的学者认为应是商王仲丁所迁隞都。也有学者认为,小双桥遗址距郑州颇近,存在大量祭祀坑和祭祀用品,但缺乏王都应有的其他生活遗存;且白家庄期郑州商城仍有宫殿建筑等重要遗存,它和小双桥遗址并无明显的替代关系,应属郑州商城的离宫别馆、宗庙遗址,或郑州商城使用期后段商王室的祭祀场所[131]。就现有材料而言,小双桥遗址面积明显较郑州城尚小,郑州城在其存在时期也并未完全废弃,青铜重器及其生产与使用地仍在郑州城,因而小双桥遗址是

小双桥遗址大型夯土台基与青铜建筑构件

否确为商王朝都邑,尚难遽断。该遗址的性质尚有待今后的田野考古和研究工作来解决。

小双桥遗址出土了朱书陶文,郑州城遗址出土了牛肋骨刻辞[132],表明当时已有文书写作活动。但迄今为止,尚未在正式考古发掘中发现墓葬或窖藏青铜器上有铭文者。而在传世的被推断为属二里岗文化晚期晚段的铜器如鬲、鬲鼎和角上都有铭文,今后在考古发掘中很可能会出土带铭文的二里岗文化青铜器[133]。

其他遗址

相比二里岗文化晚期早段的文化分布范围,此期二里岗文化向东略有拓展,但在西部和西南部的影响则在减弱。

· 近畿地区

地处黄河以北的武陟大驾村、辉县琉璃阁,黄河以南的新郑望京楼、汝州临汝李楼村、漯河郾城拦河潘村、舞阳北舞渡等地分别出土了属于此期的青铜器,多可判定出自墓葬。个别器物的形制接近殷墟文化早期的同类器。

・海岱地区

海岱地区西部的济南一带，是二里岗文化青铜礼容器分布最靠东的地点。其中山东济南历城大辛庄遗址是二里岗文化东渐的重要据点。该遗址两座墓葬出土鼎、爵、斝、盉、觚、罍、尊、卣、觯，以及兵器、工具若干，年代可早到二里岗文化晚期晚段或略晚。与此大致同时的还有济南长清前平村，该地点曾出土铜爵、斝，并伴出有陶器。

・冀中至河套地区

距郑州城近400千米远的河北石家庄藁城台西遗址，在1974年发掘的墓葬M14中，出土了铜爵、斝、觚。这是二里岗文化青铜器群分布最北的一处地点。

地处河套地区的内蒙古伊金霍洛旗朱开沟遗址，在具有鲜明北方特色的青铜制品和石范之外，还出土了二里岗文化风格浓厚的青铜礼容器鼎、爵的残片，显然是"舶来品"。铜鼎、爵的残片出土于灰坑内，其中爵的腹部已被压扁，严重变形。这类青铜容器的出土背景有待进一步廓清。

・晋陕地区

山西平陆前庄的黄河北岸二级台地上，出土了包括方鼎、圆鼎、爵、罍在内的6件青铜器，应属窖藏地点。大方鼎通高82厘米，形制与郑州杜岭方鼎和向阳回族食品厂方鼎近同，年代大致同时。该器制作相对粗糙、器体轻薄。无论如何，在都邑以外出土如此体量、规格的青铜器，表明与豫西隔河相望的晋南地区是中原王朝向西北伸展的重要区域。更北的夏县东下冯遗址墓葬中也出土有爵，已近圜底，应属此期。

位于关中地区的陕西岐山京当村，一处用圆石砌成的窖穴中出土了爵、斝、瓿、鬲等青铜器，其中鬲与郑州城所出同类器不同，或为地方特色。

再向南，秦岭以南汉中地区的汉水流域，曾出土大量二里岗文化至殷墟文化时期的青铜器，而以殷墟时期者为大宗。最早的青铜器组合可早到二里岗文化晚期晚段，如 1980 年陕西城固龙头村出土铜瓿、尊、卣、三足壶及若干兵器和其他器类。这批铜器的大部分与郑州城同期墓葬和窖藏所出近同，表明此地在二里岗文化晚期时应与以郑州城为中心的二里岗文化有接触。但从青铜器群具有一定的特色、存在一定变异的情况看，这种接触应是间接的和辗转的[134]。至于其所有者的族属，则有早期蜀文化、早期巴蜀文化和殷商时期的巴方等多种推断[135]。

- 长江中下游

<small>公元前 1500</small>

最令人瞩目的，当为同时期的湖北武汉黄陂盘龙城遗址。此期出有青铜礼容器的墓葬最多，可确切断代的有 10 余座，不少铜器的特征已与殷墟同类器近同。近年发掘的杨家湾墓葬 M17，除出土常见的爵、斝、瓿等青铜礼器之外，还有青铜兽面纹牌形饰件、绿松石镶金片饰件等贵重随葬品，其中绿松石镶金片饰件是迄今所见中原文化系统最早的成形金器。杨家湾南坡这批墓葬和此前发现的杨家湾诸墓都属于盘龙城最晚阶段，大型建筑与高等级墓地的并存，印证了这里曾是晚期的中心。

<small>中原文化系统最早的成形金器</small>

<small>1000</small>

纵向观察盘龙城各阶段高等级墓葬，其青铜礼器形、器类与组合以及埋葬习俗一直与中原地区政治中心保持基本一致，而未出

现明显的地方化倾向。这说明，盘龙城的最高首领始终由中央政府任命，而非当地世袭。换言之，盘龙城应该是纳入中原王朝政治系统控制之下的，而非独立的地方方国。但大致自此期开始，盘龙城的青铜器群"较多地显示出了一些有别于中原地区青铜器的地方特征，暗示出了地方青铜铸造能力的兴起；另一方面，包括一些地方特征所暗示的，盘龙城部分青铜容礼器显现出了装饰简化、器形小型化的趋向，又似乎反映出遗址本身青铜器生产能力的下降和衰落"[136]。

此外，盘龙城遗址近旁的黄陂鲁台山出土铜爵，年代约当此期。西距盘龙城遗址约70千米、同处长江北岸的湖北黄冈黄州下窑嘴遗址，墓葬出土铜爵、斝、觚、鬲、罍及兵器和工具若干，其年代约当二里岗文化晚期晚段或略晚。这类铜器，应与盘龙城青铜器群同属一个文化类型。

位于长江下游南岸的安徽铜陵童墩遗址出土爵、斝，其年代约当二里岗文化晚期晚段或略晚。这是江南地区发现的年代最早的青铜容器。

公元前
1500—
1300— 江南地区最早的青铜容器
1000—

四 潮头外缘大扫描

在扫描了前二里头时代东亚大陆所有现知用铜遗存，聚焦中原青铜文明核心区及其直接辐射地带后，我们再对以中原为内核的核心区外缘区域做横向的扫描，以期了解青铜潮波及的最大范围和减淡的情况。时段大致限定在二里头文化和二里岗文化时期，即约公元前1700—前1300年这大致四百年时间。为了阐明青铜潮的推进扩散过程和各地进入青铜时代的时序，我们的扫描也会下延至殷墟时代甚至更晚的时段。

推波有活水：西北至北方

晋陕地区

地处山西中北部的忻州游邀遗址晚期遗存，发现了相当于二里头时代的铜刀。这里是北方和中原地区文化因素的交汇地带。

在二里岗文化晚期晚段，关中乃至汉中地区开始出现二里岗文化风格的青铜礼容器。殷墟卜辞资料记录了在殷商王朝的西北方多有与其兵戎相见的方国势力；考古证据也表明，到了殷墟文化时期，晋陕高原青铜文化虽深受殷墟文化的影响，但其浓厚的地方特色颇令人瞩目[137]。

河套地区

在早期用铜遗存中，地处内蒙古中南部的伊金霍洛旗朱开沟遗址，是一处非常重要的遗址。由于发掘报告在年代分期和文化定性上存在问题,未能得到认可,导致学界对该遗址用铜遗存的认识分歧甚大。发掘者及部分学者认为,该遗址遗存内涵统一,都属于"朱开沟文化",可以分为前后相继的五个发展阶段。但总体上看,"朱开沟遗址的发掘报告将不同时期、不同文化的遗存混在了一起"[138]。后经重新梳理,该遗址内的所谓"朱开沟文化"可以区分为两种不同性质的考古学文化:朱开沟甲类遗存和朱开沟文化。二者不仅文化面貌不同,而且在起源、分布和存续时间等方面皆有差异。具体而言,朱开沟遗址用铜遗存分属三个部分(时段)。第一部分是朱开沟甲类遗存偏晚阶段中出土的红铜臂钏和指环等小件装饰品,与石峁遗址晚期遗存近同,或与二里头文化第二期大体同时。第二、三部分则均属朱开沟文化偏晚阶段,绝对年代要晚到二里岗文化时期了。具体而言,朱开沟文化中期约当二里岗文化早期至晚期早段,出土铜器有镞、凿、针、耳环等;至于出土鼎、爵残片及戈、环首短剑和镞的朱开沟文化晚期遗存,则要晚到二里岗文化晚期晚段了[139]。鉴于此,有关地理位置重要的"朱开沟文化"

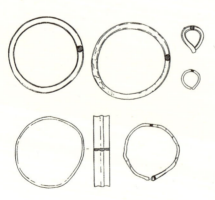

朱开沟甲组遗存
铜质装饰品

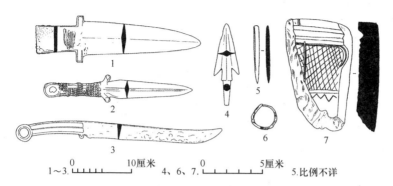

朱开沟文化铜器及铸铜石范
（上，6出自清水河上窑坪，余均出自朱开沟；下，朱开沟出土残铜鼎
（上：《中国考古学·夏商卷》图8-38；下：《朱开沟》图八七、图版三一）

用铜遗存对中原地区施加了较大影响的提法，尚需慎重对待。

只有到了相当于二里岗文化晚期晚段的朱开沟文化晚期，随着环首短剑、环首刀、项饰、护牌、耳环、鍪（小型椭圆凹底器）等青铜器具和石斧范的出现，才标志着该区域进入青铜时代。青铜短剑是迄今所知北方系青铜短剑中年代最早的，但和其他几类铜器一样，它们究竟是当地生产的还是由北方大草原地带传播而来，一直存在着争论。到了约当殷墟时期至西周早期的西岔文化，发现了管銎斧、空首斧、短銎戈和有銎镞等铜器，以及铸造斧、剑、刀子等的陶范，由是可知其青铜兵器和工具与北方系青铜器具有较大的共性特征，应

公元前
1500

最早的北方系青铜短剑

1000

四 潮头外缘大扫描　99

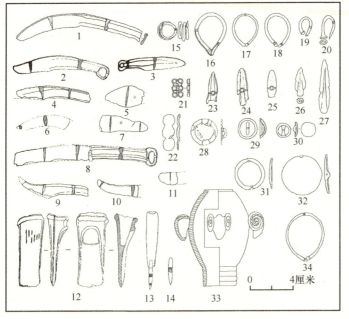

四坝文化铜器群（左）和玉门火烧沟出土铜权杖头（右）

（左：陈国梁《二里头文化铜器研究》图二四）

属本地铸造[140]。

甘青地区

甘青地区的铜器生产和使用在此时进入繁荣期，四坝文化和齐家文化晚期均发现了用铜遗存。在河西走廊一带，四坝文化兴起于西城驿文化之后，出土用铜遗存的遗址见于甘肃瓜州、玉门、酒泉、张掖、民乐和山丹等地。出土铜器多为工具、日用品（斧、凿、镬、镰、刀、削、锥等）和装饰品（钏、牌、环、耳环、鼻环、镯、泡、项饰等），装饰品中出现喇叭口耳环；另发现仪仗用器权杖头。与西城驿文化类同，兵器也有镞，新出现了矛和匕首。材质上以青铜为主，红铜次之，砷铜占比较大，工艺上铸锻兼有。

最令人瞩目的是发现了作为镶嵌铸件的四羊首权杖头。该器出土于玉门火烧沟遗址，外形极似细颈小壶，中空，腹径5厘米，高8厘米。腹中部均匀铸有四个盘角的羊头，羊角微下俯，双角大曲度内弯，形象逼真，制作精巧；下端收缩为銎部，饰四道凹弦纹，銎孔内残存一段木柄。造型和结构较复杂，四羊首用复合模具分铸，再镶嵌于器身，显现了四坝文化铸铜工艺技术的高超水平[141]。

权杖头、竖銎斧和环首刀等具有浓厚内亚风格的器物，暗寓着河西走廊与中亚和欧亚草原等地存在着交流[142]。

四坝文化与进入晚期阶段的齐家文化共存。与此同时，洮河、湟水流域的齐家文化遗址也出土了不少铜器，但至今未发现冶炼的证据。这些遗址分布于甘肃广河、临夏（原永靖）、康乐、岷县、临潭和青海贵南等地。铜器多为工具、日用品（斧、刀、削、锥、匕、镜等）和装饰品（环、耳环、指环、镯、泡、项饰等），材质以青铜为主，红铜次之，偶见砷铜，工艺上铸锻兼有。

此外，甘肃天水秦城、广河齐家坪采集的嵌绿松石铜牌饰和青海西宁沈那出土的倒钩铜矛，也应属于齐家文化晚期。前者的源流有待探索，后者的来龙去脉，学界已有较清晰的把握。

齐家文化中无法确认期属的用铜遗存还见于甘肃广河、积石山和岷县等地，出土铜器有斧、刀、镰等工具和镯、泡等装饰品。

由此可见，甘青地区自四坝文化和齐家文化晚期始，已进入青铜时代。这是东亚大陆率先进入青铜时代的区域之一。

西城驿文化和其后的四坝文化人群，承继了马厂文化的冶金传

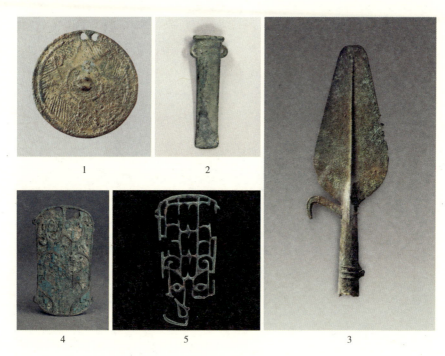

齐家文化晚期（含疑似）的重要铜器
1. 镜（贵南尕马台）；2. 斧（广河齐家坪）；3. 倒钩矛（西宁沈那）；
4、5. 嵌绿松石牌饰（天水秦城、广河齐家坪）

统，是当时冶金技术的主要掌握者。齐家文化可能将从西城驿文化、四坝文化人群那里获得的冶金产品或技术带到了河西走廊以东地区，洮河、湟水流域齐家文化铜器数量陡增，或对二里头文化的冶金技术产生了一定的影响[143]。

青海西宁鲍家寨卡约文化遗址中发现一件二里岗文化晚期风格的铜鬲。但因系采集所得，考古背景关系无从判定。卡约文化的青铜器以武器、工具、生活用品和装饰品为主。年代上限或可早到"商代早期"；下限则约当西周时期，甚至春秋中晚期到战国时期[144]。

观潮此处佳：燕山至东北

此区的考古材料较为系统，分期较明确，略展开说说，从中可窥见青铜潮外缘区域的种种特质。根据用铜遗存随时间推移所显现的存在方式，分为若干小的区域来叙述。

直接进入青铜时代的区域

由新石器时代直接进入青铜时代的区域有辽西山地区、辽东北部区和西流松花江流域。

燕山南北至辽西山地

夏家店下层文化早期

如前所述，夏家店下层文化是除了河西走廊和甘青地区之外又一支较早进入青铜时代的考古学文化。关于它究竟是地跨燕山南北，还是仅指燕山以北而将燕山以南与其面貌相近又稍有不同的一两支区分为另外的文化类型，学术界尚存在分歧[145]。从宏观的考古学文化面貌看，我们倾向于前者，将其统称为夏家店下层文化，包括燕北（含内蒙古东南、辽西和冀北）和燕南（含京津唐一带和冀西北山区）两大区域类型[146]。至于夏家店下层文化的年代，原认为可早至中原龙山文化晚期，现一般认为相当于二里头文化和二里岗文化时期。

显然，在夏家店下层文化用铜遗存中，可以析分出早、晚期

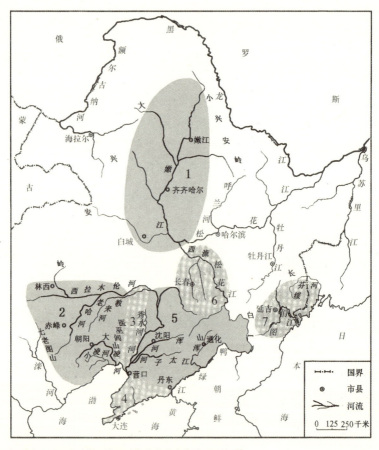

东北地区二里头时代至战国时代考古学文化分区示意
(据赵宾福《中国东北地区夏至战国时期的考古学文化研究》附图改绘)
1.嫩江流域; 2.辽西山地地区; 3.辽西平原地区; 4.辽东南部地区;
5.辽东北部地区; 6.西流松花江流域; 7.图们江流域

（分别约当二里头文化时期和二里岗文化时期）的材料最为重要。依既有研究成果，燕北类型中属于早期的用铜遗存有内蒙古敖汉旗大甸子、赤峰四分地、喀喇沁旗大山前，辽宁朝阳罗锅地等遗址；燕南类型中属于早期的用铜遗存则有北京房山琉璃河，天津蓟州围坊、张家园，河北怀来官庄、滦南东庄店、唐山古冶及蔚县三关等遗址[147]。燕南类型的分布已超出高海拔地区而进入低海拔地区。

敖汉旗大甸子遗址出土材料最为丰富。早期遗存中出土的铜制品有权杖头（除铜质外还有铅质者），冒、镦等斧柄饰件以及铜钉，大宗者为耳环和指环。已检测样品皆为青铜，铸锻兼有。其他遗址散见铜刀、削、针、耳环、指环和青铜碎屑等，还出有用来制作饰品的陶范。赤峰四分地遗址发现的陶饰品范，如断代不误，或为中原以外地区发现的最早的陶范。

无法详细分期的夏家店下层文化用铜遗存，还见于燕北类型的内蒙古敖汉旗、赤峰、库伦旗、宁城，辽宁凌源、北票、兴城，以及燕南类型的河北唐山等地。出土铜器有刀、镞、环、耳环和铜屑等，还有陶饰件范、石矛范、斧范、刀范、串珠范。在凌源牛河梁遗址还发现了炉壁残片。不排除上述用铜遗存有可早至夏家店下层文化早期者。

夏家店下层文化晚期

夏家店下层文化晚期大体上相当于二里岗文化时期。依既有研究成果，燕北类型中属于晚期的用铜遗存有内蒙古敖汉旗大甸子，辽宁阜新平顶山、锦州太和区水手营子等遗址；燕南类型中属于晚期的用铜遗存有北京昌平雪山、昌平张营、房山塔照，天津蓟州张家园，河北大厂大坨头、涞水西义安、唐山大城山、唐山小官庄、

四 潮头外缘大扫描　　105

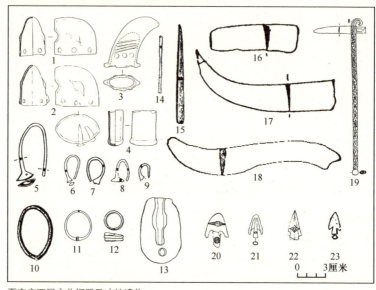

夏家店下层文化铜器及冶铸遗物
（陈国梁《二里头文化铜器研究》图二一）
1、2. 冒；3. 杖首；4. 镞；5—9. 耳环；10. 耳环；11、12. 指环；13. 陶范；14. 笄；15—18. 刀；19. 连柄戈；20—23. 镞（1—4、11出自敖汉大甸子；5、16、17出自蓟州围坊；6出自阜新平顶山；7、14、23出自易县下岳各庄；8、18、20、22出自蓟州张家园；9、12出自房山琉璃河；10出自蔚县三关；13出自赤峰四分地；15出自宁城小榆树林子；19出自锦州水手营子；21出自大厂大坨头）（13比例不详）

唐山古冶、香河庆功台、宣化李大人庄及蔚县诸遗址[148]。

这些遗址出土的铜制品有连柄戈、镞、削刀、刻刀、凿、叉、锥、臂钏、环、耳环等。此外发现了石刀范、镞范、针范、鱼钩范等。锦州水手营子出土的连柄铜戈，年代相当于二里头文化四期或夏商之际，制作工艺代表了这一文化铸铜技术的较高水平[149]。除这种特殊器物外，铜器群的组合和工艺水平与夏家店下层文化早期并无太大差异，有銎镞、环首刀、U形耳环，都颇具特色。铜器之外，还有金臂钏、金耳环、铅仿制贝等金属遗物。北方系青铜器的工具、武器中有大量与中原相似的器物，说明这两个系统存在着文化交往，但在是否用金属制作装饰品方面差别明显，应该反映出两地人群观念的不同[150]。

这一区域整个青铜时代的遗存纷繁复杂，对其年代与谱系的看法不一，《中国东北地区夏至战国时期的考古学文化研究》一书对此有系统的研究，这里据此罗列其发展脉络。在相当于"商代早期"的夏家店下层文化晚期之后，这一区域的青铜时代文化分别是相当于商代晚期的以魏营子文化为代表的遗存，相当于西周至春秋时期的夏家店上层文化和"凌河遗存"早期，而相当于战国早中期的遗存则有"凌河遗存"晚期、"水泉遗存"、"井沟子遗存"（含"铁匠沟遗存"）、"五道河子遗存"[151]。到了战国晚期，燕文化遗存成为主流，该区域也大致进入了铁器时代。

中国东北地区龙山至西汉时期考古学文化时空框架示意

时期	绝对年代	辽西山地 西区	辽西山地 东区	辽西平原	辽东 北部区	辽东 南部区	嫩江流域	西流松花江流域	鸭绿江流域	图们江流域	三江平原
西汉 晚期	202BC²－AD9		燕文化	汉文化			(鲜卑?)	(扶余?)	(高句丽?)	(沃沮?)	(挹娄?)
西汉 早中期	－221BC	水泉/井沟子	五道河子/凌河晚期		双房晚期		汉书二期	西团山晚期	万发拨子三期	柳亭洞晚期	桥南一期
战国	403BC－	夏家店上层	凌河早期		双房中期			西团山中期		柳亭洞早期	
春秋	770BC－403BC				双房早期		白金宝	西团山早期	万发拨子二期		
西周	1000BC－771BC		魏营子	高台山晚期	马城子晚期	双砣子三期	古城			兴城晚期	
殷墟	1300BC－1000BC		夏家店下层	高台山早期	马城子早期	双砣子二期	小拉哈				
二里岗	1500BC－1300BC			平安堡二期		双砣子一期				兴城早期	劝农
二里头	1700BC－1500BC						小拉哈一期				
龙山晚期	2000BC－1700BC										

注：

无用铜遗存	少见用铜遗存	青铜时代	铁器时代

为简洁计，考古学文化遗存的称谓（某文化、类型或某遗存）一律省略。
括号内为考古学界对各考古学文化在西汉时期所属族属的推断。

本表依下引著改制：
赵宾福《中国东北地区夏至战国时期的考古学文化研究》，科学出版社，2009年；
赵宾福等《吉林省地下文化遗产的考古发现与研究》，科学出版社，2017年；
黑龙江省文物考古研究所《考古·黑龙江》，文物出版社，2011年。

辽东北部

辽东地区从西周时期开始全面进入以双房文化为代表的青铜时代。在此之前，辽东南部地区的双砣子三期文化（约当殷墟时期）仅发现了零星铜器，更早的相当于二里头文化、二里岗文化时期的双砣子二期文化尚无用铜遗存发现。在包括辽东山地丘陵和下辽河东岸平原的辽东北部区，与双砣子二期文化大体同时的马城子文化（含"新乐上层文化""顺山屯类型""望花类型""庙后山文化"等类遗存）早期也未发现用铜遗存[152]，晚期出现了管銎战斧、方銎斧、铃首刀、鹿首刀、环首刀、镜等铜器，年代相当于商代晚期至西周早期[153]，已进入青铜时代。

西流松花江流域

西流松花江，即松花江吉林省段，曾被称为第二松花江。该流域直到西周时期，在西团山文化才出现了用铜遗存，其中有作为东北系铜剑母型的青铜曲刃矛。在相当于春秋战国时期的该文化中、晚期遗存中，青铜曲刃矛、曲刃短剑和方銎斧等，代表了其发展高度[154]。

渐次进入青铜时代的区域

包括辽东南部、辽西平原和松嫩平原。

辽东南部

辽东半岛在双砣子一期、二期文化时，都没有发现用铜遗存。

三期文化开始出现青铜镞、鱼钩、环、泡等小件制品。年代约当商代晚期，可晚至西周初年[155]。

"到了两周时期的双房文化阶段……开始出现该文化系当中最具特色的曲刃矛、柱脊曲刃剑、方銎斧等青铜武器。""伴随着青铜兵器的出现，'双砣子文化系'由原来的弱势一度发展成为强势。分布地域也由原来夏商时期的辽东半岛南端迅速扩张到西周至战国时期的整个辽东地区，而且影响范围甚至还波及辽西山地地区、朝鲜半岛和第二松花江流域。"[156] 显然，到了此时整个辽东地区才真正进入了青铜时代。

辽西平原

此区域相当于夏商时期的遗存主要有"平安堡二期遗存"和高台山文化，前者"应该是处在该地区新石器时代结束之后，高台山文化形成以前的一种考古学文化遗存"，"年代应处于夏代的纪年范畴之内，大体和旅大地区双砣子二期文化的早期年代接近，即相当于夏代早期"[157]。

平安堡二期遗存"应该是处在该地区新石器时代结束之后"，但在该遗存中并未发现用铜遗存。此外，如该遗存与双砣子二期文化早期大体同时，年代应不早于岳石文化，即最早与二里头文化（可能早到早期）大致同时。但这又与"夏代早期"的推断不相符合。正如张忠培教授指出的那样，"目前学界基本共识的意见是将夏代起止年代定于公元前21世纪到公元前17世纪，同时认为二里头文化并非是夏代最早的夏文化，这本著作对此注意不够，有时将与二里头文化同时的遗存，视为夏代最早的遗存"[158]。这类用法在研究中较为普遍，也正是我提出下述建议的缘由："鉴于关于'夏时期''夏代（早期）''早期夏文化'这类狭义史学及从中衍生出的复合概念人见人殊，具有极强的不确定性或模糊性，建议在对具体考古学文化遗存的叙述中慎用为好，尤其是在罕有甚至全无早期文献关联的中原以外区域。"[159]

早于高台山文化的"平安堡二期遗存"如与双砣子二期文化早期年代接近，高台山文化早期应不早于二里头文化早期，而高台山文化晚期相当于商代晚期，那么高台山文化早期应大致相当于二里头文化晚期至二里岗文化时期。只是到了此期，辽西平原才开始发现零星的耳环、小刀等铜器。其中铜耳环呈喇叭口状的U字形，与夏家店下层文化同类器近同。比至相当于商代晚期的高台山文化晚期，始有管銎战斧、鹿首刀等器形稍大的武器和工具出现，或可认为迎来了青铜时代的曙光。

松嫩平原

松嫩平原地处欧亚草原东部，是欧亚草原文化分布的最东端，在辽西山地区出现东北地区最早的青铜时代文化的同时，这一区域也发现了零星的铜器。这是东北地区较早出现用铜遗存的区域之一。

最早出现零星铜器的是约略相当于"夏至早商时期"的小拉哈文化[160]，出土了小刀、笄、双联泡饰和节状饰件。这是前殷墟时代东亚地区铜制品分布最北的地点。发掘报告称"小拉哈文化的发现填补了长期以来松嫩平原早期青铜时代考古文化的空白"，其实仅凭如此零星的发现很难表明松嫩平原在此期进入了青铜时代，何

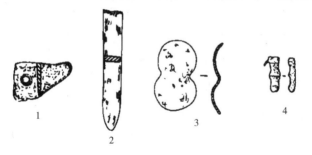

小拉哈文化铜器
1. 小刀；2. 笄；3. 双联泡饰；4. 节状饰件（1—3 出自肇源小拉哈； 4 出自肇源白金宝）

况小刀和笄都是没有层位关系信息的采集品，故暂且存疑。

小拉哈文化之后的"古城遗存"，约当中原地区的商代晚期，该文化中未发现青铜器，出土了制作青铜斧、刀、铲的陶范[161]，表明该文化人群已能批量制作青铜器，或已进入青铜时代。该区出现较多青铜器和铸范的白金宝文化，已晚至西周早期到春秋晚期。根据出土陶质铸范可知，有斧、刀、锥、环、连珠饰等。到了相当于战国至西汉时期的汉书二期文化，青铜器和铸范仍主要为小型生产工具和装饰品，大安汉书遗址出土的一件属于青铜短剑附件的石枕状器，表明该文化应已存在青铜短剑。铁器的出土，暗寓着至少自战国晚期始，该文化或已进入铁器时代。

无缘青铜时代的区域

排除了青铜时代纵向上溯至更早时段的可能性之后，我们再看看空间上青铜时代覆盖区外缘的情况。与青铜时代无缘的区域又可以分为基本不见用铜遗存和仅见零星用铜遗存两种情况。

基本不见用铜遗存的区域

小兴安岭－长白山脉以东的图们江流域、牡丹江流域和松花江、乌苏里江、黑龙江汇流的三江平原及其周边区域，在进入铁器时代之前，基本上没有发现青铜制品[162]。这是典型的新石器时代下接铁器时代的区域。有学者指出，"镜泊湖南端莺歌岭遗址上层距今三千年左右，年代比许多青铜文化更晚，但这里并没有发现铜器，意味着当东北大部分地区正经历着青铜时代，领受着金属文明带来的灿烂光辉和浓重阴影的同时，这里的主人可能还仍然停留在原始古朴的新石器时代"[163]。"与东北其他地区相比，图们江流域应该是一个相对比较封闭、文化自身很少受到外界影响、发展水平稍显落后的地区"[164]。而三江平原，在相关学者论及中国东北地区夏至战国时期或青铜时代的考古学文化时，都未列为专门的一区加以讨论[165]。

仅见零星用铜遗存的区域

在进入铁器时代之前，仅见零星用铜遗存而未进入青铜时代的区域，可举鸭绿江流域为例。这里相当于商周之际的万发拨子二期文化不见用铜遗存，相当于春秋战国时期的万发拨子三期文化则发现有环、坠饰等小件铜器。其后在西汉时期，该地区进入铁器时代。

各区域青铜时代上下限的梯次

东北地区最先进入青铜时代的是辽西山地区，夏家店下层文化与河西走廊的四坝文化、甘青地区的齐家文化晚期和中原地区的二

四　潮头外缘大扫描

里头文化一道,是东亚地区最早进入青铜时代的四支考古学文化之一,绝对年代不早于公元前 1700 年。这与地邻欧亚大草原、较早接受内亚地区青铜文化的影响是密不可分的。与之大体同时出现用铜遗存,但仅限于零星小件铜器的小拉哈文化地处松嫩平原,也因位于欧亚草原的东端而有地利之便。但这一区域进入青铜时代要晚到相当于殷墟时期的"古城遗存"了。

除了松嫩平原,在相当于殷墟时期进入青铜时代的,还有与辽西山地区毗邻的辽西平原区(高台山文化晚期遗存)和辽东北部区(马城子文化晚期遗存)。稍后,整个辽东区和西流松花江流域在相当于西周的时期也进入了青铜时代(双房文化和西团山文化)。横贯东亚的青铜潮止于这些区域,没能越过小兴安岭和长白山脉。此线以东的鸭绿江流域在春秋战国时期仅见零星用铜遗存,而图们江流域、牡丹江流域和三江平原地区,大致在汉代,由新石器时代直接进入铁器时代。至于东北地区铁器时代的到来,显然是战国的燕文化和后来的汉代文化由西南向东北强力推进或影响的结果。

要之,东北地区并非全境存在青铜时代,且各区域进入青铜时代的时间也有早晚之别,呈现出"南部比北部先进,西部较东部发达"的态势[166]。

潮平两岸阔:大黄河三角洲

这里所谓"大黄河三角洲",不是指山东东营入海口一带的黄河三角洲,而是整个华北大平原,即黄淮海平原。在地理学和水资源研究领域,有一个颠覆性的提法:整个华北平原是一个大三角洲。依黄万里教授的观点,黄河从郑州桃花峪(中下游的分界点)以下是一个大三角洲,"三角洲以桃花峪为顶点,逐渐形成隆突的圆锥体,面上流着放射式的低洼排水道,面积达廿五万方公里,于全球为最大","黄河挟沙浓厚,历史上北行时淤塞了海河尾闾,南行时则祸害淮河。因此,平原在孟津以下,北至天津,南至淮阴","南北遗留着当年河道的陈迹:北有卫运河、北金堤河、文岩渠、马颊河、徒骇河,东有万福河、红卫河、黄河故道,南入淮的有惠济河、涡河及贾鲁河等20余条流派。这些说明黄河水沙原是在这三角洲上轮流分派出海的"[167]。因而,对于三角洲的河流来说,改道是正常的。在没有黄河大堤与大堤缺乏维护的年代,黄河的周期性改道是常事。所谓的淮河流域,特别是淮河北侧的平行支流,

黄河大三角洲鸟瞰(由东向西)
(陈述彭《中国地形鸟瞰图》)

四 潮头外缘大扫描

黄河大三角洲示意

(张宗祜《九曲黄河万里沙——黄河与黄土高原》)

本身就只是黄河三角洲各岔道的一部分。

这一时期的文化遗存，多分布于黄河故道旁的山前地带。其中，太行山东麓平原，地处大三角洲地区的西北边缘；而隆起的泰沂山脉与淤积起来的冲积扇中轴形成分水脊，将淮河、海河分隔南北，形成了以海岱地区为中心的又一文化区。

太行山东麓平原

夏家店下层文化燕南类型的南邻，是分布于太行山东麓冀中南至豫北地区的下七垣文化。存在用铜遗存的遗址分属于两个区域类型。一是偏北的下岳各庄类型，遗址有河北易县下岳各庄、定州尧方头、任丘哑叭庄等处；一是偏南的漳河类型，有河北邯郸涧沟、峰峰北羊台、磁县下七垣，河南安阳孝民屯村北、辉县琉璃阁等[168]。

值得注意的是，偏北的下岳各庄类型遗址出土的工具武器类铜器如环首刀、有銎镞，和装饰品U形耳环、泡等，都颇具特色，与夏家店下层文化等北方系统青铜文化的同类器近同。与此形成鲜明对比，偏南的漳河类型中，仅见属中原系统的三角形刀、有铤镞等器形，"表明这个区域受到北方青铜文化影响甚微，更多地受到了二里头文化的影响"[169]。

如前所述，河北石家庄藁城台西遗址在二里岗文化晚期晚段开始出现随葬青铜容器的墓葬。"台西大型聚落的出现，意味着商人已进入滹沱河流域，大约与此同时，商人还将势力伸入北易水，逼近南拒马河。显然，在与夏家店下层文化居民的较量中，商人略胜一筹"。此后，"整个晚商时期商人活动的北界固定在唐河以东地区"[170]。

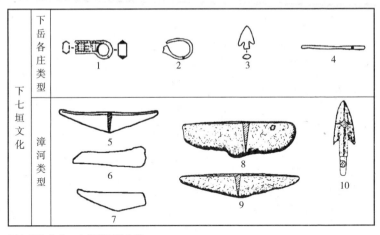

下七垣文化北、南类型铜器比较
（依杨建华等主编《公元前2千纪的晋陕高原与燕山南北》264页图改绘）
1. 哑叭庄；2—4. 下岳各庄；5. 孝民屯村北；6、7. 涧沟；8、9. 北羊台；10. 下七垣

海岱及周边地区

二里头文化的东邻，是分布于海岱地区及其周边的岳石文化，发现用铜遗存的遗址有河南杞县鹿台岗、夏邑清凉山、鹿邑栾台、山东泗水尹家城、济南章丘城子崖、青州郝家庄、沂源姑子坪、烟台牟平照格庄和江苏连云港藤花落等。其中泗水尹家城遗址出土铜器较多，器形有刀、锥、镞、鼻环和铜片等，均为小件器物，其他遗址零星出土品与其类同。青州郝家庄遗址出土一件铜容器残片，值得注意，惜报道语焉不详。有学者提示，岳石文化可能存在"青铜重器"[171]，但仍缺乏扎实的证据。

如前所述，约当二里岗文化晚期晚段或略晚，随葬青铜容器的墓葬开始出现于济南历城大辛庄遗址。至殷墟文化时期，大辛

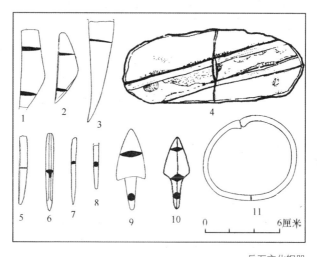

岳石文化铜器
（陈国梁《二里头文化铜器研究》图二〇）
1—5. 铜刀；6—8. 铜锥；9、10. 铜镞；11. 铜环；（1—4、6、8、9、11 出自泗水尹家城；
5 出自杞县鹿台岗；7 出自牟平照格庄；10 出自夏邑清凉山）

庄遗址存在更多的青铜礼器墓，铜爵上还有铭文，应为族徽。该遗址出土的甲骨文是商代都城以外首次出土的商代卜辞。鉴于甲骨文与随葬青铜礼容器的墓葬等高规格遗迹遗物的发现，学者们多认为此处是商王朝经略东方的一处要地。殷墟文化时期至西周初期，中原系统的青铜礼容器见于鲁北地区的惠民、滨州，鲁中地区的平阴、桓台、青州、寿光、新泰，鲁南地区的兖州、滕州、邹城；西周早中期才推进到更东的胶东半岛的龙口、威海和崂山等地[172]。与东北地区一样，海岱地区进入青铜时代，也有一个从西向东渐次推进的过程，而且是中原地区高度发达的青铜文明影响的结果。

韵味看余波：长江中下游

江淮－江南地区

长江南岸的铜陵师姑墩遗址早期遗存发现了与冶铸活动相关的陶炉壁和炉渣，有的炉壁内侧有铜锈。该遗址的早期遗存应与遗址北方江淮西部的斗鸡台文化关系密切，年代相当于二里头文化晚期。

主要分布在长江南岸宁镇至皖南地区的点将台文化，时间上大致与中原地区的二里头文化相当。目前尚未发现青铜器，仅在南京高淳朝墩头、句容城头山遗址中发现过炼渣。

分布于环太湖－杭州湾地区的马桥文化早期遗存，相当于二里头文化二至四期。在上海闵行马桥遗址马桥文化早期偏晚阶段的地层中，出土了一件残铜刀；其他 4 件可辨器形的铜器斤、刀、镞见于马桥文化中期，相当于二里岗文化时期。

如前所述，位于长江下游南岸的安徽铜陵童墩出土了江南地区年代最早的青铜容器，其年代已约当二里岗文化晚期晚段甚至更晚。到了殷墟文化时期，地处长江两岸的江淮地区和皖南地区才有了更多青铜礼容器的发现。

长江中游左近地区

位于长江南岸的湖南岳阳铜鼓山遗址，发现了相当于二里岗文化时期的遗存，出土刀、镞泡饰等小件青铜器，具体年代约当二里岗早期晚段至晚期晚段或略晚，应属"商文化盘龙城类型"。该遗

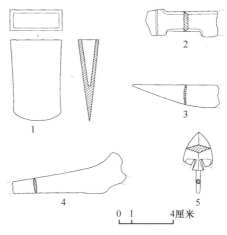

马桥文化铜器

(上海市文物管理委员会《马桥1993—1997年发掘报告》)
1.斤；2—4.刀；5.镞

址地处湘江和洞庭湖流入长江的入口处，位于商文化控制区南端的边界线附近，"应是一个军事性质的关卡和哨所"[173]。至相当于殷墟文化早期，该遗址开始出现青铜鼎、觚等礼容器。

湖南石门皂市遗址，出土铜镞、锥、鱼钩和簪等小件器物，还发现了用于制作斧、锛的石范，以及铜渣和熔炉块等。发掘者推定其年代约当二里岗文化早期，最新的研究表明应晚至二里岗文化晚期晚段[174]。这是目前长江中游地区二里岗文化时期唯一出有石范的遗址。

至殷墟文化时期，湖南的东北部、北部和中部地区开始大量出现青铜礼容器。以长沙、岳阳、益阳、常德地区出土较多。长沙地区宁乡一带器物出土集中且具代表性，学界一般称之为"宁乡铜器群"，并以之统称湖南境内所有特征相近的商代后期青铜器[175]。

江西樟树吴城遗址出土的青铜器，个别戈、矛约当二里岗文化

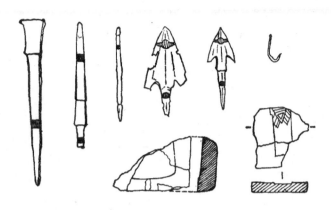

石门皂市遗址出土铜器及冶铸遗物
(湖南省文物考古研究所《湖南石门皂市商代遗存》图二二)

晚期晚段,数件青铜容器均相当于殷墟时期。兵器的形制与郑州城出土的同类器不同,显现出一定的地方特色,表明吴城文化已有自己的青铜铸造业[176]。"如果盘龙城的主要功能确系作为南北运输线上的枢纽,那么它的衰落应该视为商京畿地区对这条交通线路失控的一个信号。另一方面,根据其物质文化的发达程度判断,以吴城为中心的地区日益成为一个脱离核心地区晚商政权控制的政治实体"[177]。江西新干中棱水库商墓和大洋洲商墓都应是晚商时期这一区域相对独立的政治实体的遗存。

微澜漫西南:川渝藏地区

在川渝地区,与二里头文化大致同时,存在用铜遗存的遗址仅有重庆万州塘坊坪遗址。该遗址是分布于川东峡江地区的塘坊坪文化的典型遗址，此期发现了镞、锥形器和环等小件铜器。

有学者认为，中原二里头文化先进的青铜冶铸工艺及其艺术风格，连同一些具有礼仪意义的器物类型和制法都通过鄂西地区、三峡地区进入四川盆地中心的成都平原，在当地相对发达的土著文化的基础上，形成了三星堆文化[178]。但在这一传播路线上，尚无迹象表明存在过作为三星堆文化前身的较成熟的青铜文化。关于三星堆文化的来源问题，有待于进一步探索。

目前成都平原发现的时代较早的青铜器，是四川广汉三星堆遗址真武仓包包地点出土的3件长方形青铜牌饰，其中一件是在变形的兽面纹铜牌上镶嵌绿松石，另外两件是饰有镂空的变形藤蔓纹的铜牌；此外还共出有大量玉石器。3件牌饰均为采集品，无地层关系，考古简报作者推断年代为"夏末至商代前期"，还有学者推断可晚至三星堆文化晚期[179]。在三星堆遗址西北10公里处的广汉高骈乡，也采集到一件嵌绿松石的变形兽面纹铜牌饰。有学者推断，仓包包和高骈两地铜牌饰的年代应当在二里岗文化后期或更晚的二里岗文化向殷墟文化的过渡期[180]。此外，三星堆遗址真武月亮湾台地还出土2件单扉铜铃，简报作者推测"相当于商代早期"。

按既往认知，三星堆文化的铜牌饰是以二里头文化同类器为原型仿制的[181]。但也有学者认为，从形制、镂孔、穿孔方式等方面看，成都平原的铜牌饰与新疆哈密出土的未嵌绿松石铜牌饰联系更为紧密，而镶嵌绿松石牌饰的起源地可假定在河西走廊，岷江流域和白龙江流域则是沟通四川与河西走廊的两条通道[182]。

这类牌饰与后来的三星堆青铜器缺乏关联，它们可能是从西北

三星堆文化铜牌饰与铜铃

牌饰：1、2. 广汉三星堆；3. 广汉高骈；铃：4. 广汉三星堆

传入成都平原的早期青铜制品[183]。有学者甚至建议将明显早于以两个祭祀坑为代表的三星堆文化的月亮湾、仓包包一类遗存独立为月亮湾文化[184]。将三星堆文化的上限提早到相当于二里头文化至二里岗文化时期，将前青铜时代的遗存与约当殷墟时期的青铜时代遗存合并为同一个文化，的确是存在一定问题的。至于以两个祭祀坑为代表、高度发达的三星堆青铜文明，则相当于殷墟文化时期，此不赘述。

川西高原也出土了时代较早的青铜器。四川炉霍宴尔龙石棺墓中出土直援无胡青铜戈，年代被推定大约为二里岗文化时期，此类戈在郑州城和内蒙古朱开沟遗址都有出土，宴尔龙的戈很可能是经半月形地带由北方传播而来[185]。更西的西藏拉萨曲贡也曾出土青铜镞一枚，发掘者认为约当中原夏商之际。如果早期的青铜制品有可能从北方传入四川和西藏，那么铜器生产技术也有可能沿同样的路线从北方传入。

五 观潮的断想

"青铜时代"：从遗存到概念

青铜时代是"以青铜作为制造工具、用具和武器的重要原料的人类物质文化发展阶段"[186]。总体上看，学术界对此时代定义具有相当的共识，"青铜时代，是指青铜器在考古记录中有显著重要性的时期而言的。辨识那'显著的重要性'的依据，是我们所发现器物的种类和数量"[187]。"青铜时代必须具备这样一个特点：青铜器在人们的生产、生活中占据重要地位，偶然地制造和使用青铜器的时代不能认定为青铜时代"[188]，"青铜器的零星发现是不足以作为中国青铜时代开始的证据的"[189]。

但在对具体区域进入青铜时代的标志判定上，学者间是异见纷呈的。梳理东亚大陆早期冶金遗存的发现与研究历程，可以让我们来深入检讨"青铜时代"概念在时空上的适用性及其中所蕴含的学理问题。

谁先进入青铜时代？

关于中国青铜时代的肇始时间，就众说纷纭。部分学者认为龙山文化晚期或龙山时代已进入青铜时代，大约在公元前3000年或稍晚[190]。但此时用铜遗存仅有零星的发现，并不符合上述青铜时代的特点，故不考虑其可能性。

20世纪80年代以降，一般把成批出土青铜礼容器、兵器、工具、饰物等的二里头文化,作为中国青铜时代早期文化。由于80年代二里头文化碳–14测年为公元前2080—前1580年,所以一般认为公元前2000年左右是中国青铜时代的上限[191]。

嗣后,有的研究者将西北地区的早期用铜遗存纳入青铜时代,认为存在西北地区和中原地区两大独立起源地,但在绝对年代上,仍认为二者大体在公元前2000年前后进入青铜时代[192]。

近年的研究显示,最早进入青铜时代的当属新疆地区,年代上限在公元前2000年左右;甘肃、青海和陕西地区在公元前1900年左右进入青铜时代,主要有四坝文化和齐家文化晚期;至公元前1800年左右,北方地区出现了朱开沟文化和夏家店下层文化;与此同时或稍晚,中原地区诞生了青铜时代文化即二里头文化,通过二里头文化,青铜技术传播至黄河下游的岳石文化等考古学文化中[193]。这条路径清晰地勾勒出早期青铜文化流播的主方向是自西向东。

通过对东亚大陆各地用铜遗存最新年代学研究成果的系统梳理,对四坝文化、齐家文化晚期、朱开沟文化、夏家店下层文化、二里头文化和岳石文化的用铜遗存,可做进一步探讨。

河西走廊张掖西城驿冶炼遗址的发掘,提供了串联起马厂文化、齐家文化和四坝文化用铜遗存的最新信息。西城驿遗址"一期为马厂晚期遗存,年代为距今4100—4000年;二期文化因素较为复杂,年代为距今4000—3700年……三期为四坝文化遗存,年代为距今3700—3600年"[194]。这就把叠压于这类遗存之上、原定为公元前2000—前1500年的四坝文化遗存的年代,压缩到偏晚的公元前1700—前1600年之间。而与齐家文化前期大体共时的西城驿二期铜器的材质仍以红铜为主;到了属于四坝文化的西城驿三期则以合金为主,其中砷青铜较多。

因此,以四坝文化为代表的河西走廊地区进入青铜时代的时间,在公元前1700年前后;河湟与陇东地区的齐家文化晚期大体同时。关于齐家文化晚期的用铜遗存,张忠培教授指出,"由于还存在相当数量的红铜制品,和有时仍采用冷锻技术制作青铜器,故即使把这时期归入青铜时代,也只能是这时代的伊始阶段"[195]。这一观点目前看来也是中肯的。

至于内蒙古中南部鄂尔多斯朱开沟遗址,到了相当数量的青铜兵器和容器出现的该遗址第五期(朱开沟文化晚期),该地才进入青铜时代,此时已相当于二里岗文化晚期阶段。

而内蒙古东部和辽西地区夏家店下层文化出土铜器,目前经年代测定的,只有赤峰敖汉旗大甸子遗址集中出土的一批青铜器。这批铜器的年代在公元前1735—前1460年,如与中原地区的高精度系列测年相比照,不排除更晚的可能性。大甸子墓葬随葬品中伴出与二里头文化二期风格近似的陶鬶、爵之类器物,由此可知其年代上限应不早于二里头文化二期,而下限应已相当于二里岗文化早期。其他地点出土的夏家店下层文化铜器,尚未见有明确早于这一年代数据的例子。

如前所述,中原地区在二里头文化之前,仅有零星的用铜遗存发现。如襄汾陶寺遗址发现了红铜铃和砷铜齿轮形器、容器残片等,未见青铜;登封王城岗遗址曾出土青铜容器残片,新密新砦遗址曾出土红铜容器残片等。二里头文化第一期发现的铜器尚少,且均为小件器物。第二期开始出现铜铃和嵌绿松石铜牌饰等制作工艺较复杂的青铜器,第三期始有成组的青铜礼容器和兵器等出土。故就目前的考古材料而言，中原地区进入青铜时代的时间，至多是二里头文化第二期。依最新的系列测年结果，二里头文化第二期的上限不早于公元前1680年[196]。

至于海岱龙山文化和岳石文化中零星发现的用铜遗存，多为小件工具和装饰品，应为中原文化影响所致，尚未在其所处的社会中显现出"显著的重要性"（张光直语），因而难以认为其已进入青铜时代。

就目前的认识，整个东亚大陆多地区大致进入青铜时代的时间，当为公元前1700年前后。第一批进入青铜时代的考古学文化，只有四坝文化、齐家文化晚期、夏家店下层文化和二里头文化。这些最早的青铜时代文化间的交流关系，还有待于进一步探究。

谁的青铜时代？

在"青铜时代"这一概念的运用，尤其是探讨其从无到有的过程中，首先有一个内涵界定的问题。大家一般同意，只有"青铜器在人们的生产、生活中占据重要地位"才能算进入"青铜时代"；但在具体操作层面，不少学者仍把零星青铜器甚至小件饰物的发现作为该区域进入青铜时代的标志。在东北地区考古研究的实践中，就不乏将罕有甚至全无用铜遗存的考古学文化划归青铜时代的例子。

其次是主体界定的问题。要明确进入青铜时代的"人们"的主体，即"谁的青铜时代"的问题。进入青铜时代的主体，应是考古学文化背后的社会和特定的人群，是生活于特定区域的特定人群进入了"青铜时代"。如是，就不能把进入"青铜时代"的主体，无限扩大到特定的人群以外那些没有进入青铜时代的人群及他们所处的地域。但在具体操作上，这样的做法是被默认的，甚至占据了主流思维。

在论及黑龙江东部的"青铜时代"考古时，我们能看到这样的论述，"这一地区（松花江、乌苏里江、黑龙江流经的三江地区——引者注）的'青铜时代'与中原地区有些不同。中原地区的青铜时代是以青铜器的制造和使用为标志的，但这样的标准却并不适用于三江地区的实际情况，在中原地区进入青铜时代以后的一个相当长的时间里，包括三江地区在内的一些地区并没有制造青铜制品的能力，因此，这些地区青铜时代的早期阶段仍然是以石器为工具和武器。这一点，从这个地区以至周边地区目前的考古发现中可以得到证明。因此，本文使用的青铜时代概念，只是将其作为一个年代范畴，而并不表明这一地区青铜时代的全部文化都已经具有中原地区青铜时代的典型特征"[197]。这清晰地表述了在无青铜遗存发现的区域使用"青铜时代"概念的思辨逻辑。

上文接着论述到，"黑龙江省东部地区的青铜时代考古学文化，在目前还处于空白状态，其中一个很重要的原因，就在于这个时代，尤其是其早期阶段青铜制品的缺乏，使得判断青铜时代遗存成为一件相当困难的事情，因此，即便已经发现的一些可能属于青铜时代的遗存，也由于种种原因而将这类遗存，或被认作新石器时代，或者被归入铁器时代，从而直接导致人们对新石器时代、铁器时代年代范畴的模糊认识，造成后两者外延的扩大。寻找或从已有的发现中确认青铜时代遗存，已经成为三江地区考古学研究中一个迫切需要解决的问题"。在这里，"青铜时代"是在全无用铜遗存的考古学文化中"寻找"或"确认"出来的。

另有学者在专论图们江流域的"青铜时代"考古时谈及,"至于青铜遗物问题,图们江流域青铜时代文化堆积中均鲜见出土,是否存在青铜遗物不应该被看作是分辨遗存时代的硬性指标"[198]。而在关于吉林省青铜时代考古的研究论文中,通篇也全无对任何青铜制品的分析,也未对"青铜时代"的概念做出界定和阐释。所谓"青铜时代"涉及的时间范畴始于"夏至早商",下限则到"战国至汉初"。文中回顾,"从20世纪50年代开始,对西团山石棺墓地有针对性的发掘,首先将一些广泛使用石器生产工具并已出现青铜器的遗存,从所谓的'石器时代之文化'中分离出来,于此开创了吉林省青铜时代考古的新局面"[199]。再举一例,"黑龙江地区也经历了青铜时代这一发展阶段,基本和中原地区是同步的。但在具体的文化面貌表现上,黑龙江东部、西部地区有明显的差异,这一时期东部地区的考古学文化均未发现具有该时代特征的标志物——青铜器(件),表现了显著的自身区域特点。因此,青铜时代的概念,作为一个年代范畴,黑龙江东西部区域存在着与中原地区不同的文化特征表现"[200]。显然,这些论著所述"青铜时代"是以中原地区的青铜时代为参照系,意指相当于中原地区青铜时代的时段,而无关该区域用铜遗存的有无。

推而广之,"在中国境内的不同地区,金属器(青铜和早期铁器)在出现年代上有早有晚,在地域分布上也不大均衡,甚至各地区因文化传统的不同在应用范围上也各有特色。所以,上述中国青铜时代和早期铁器时代的开始和结束,我们都只能以黄河中下游地区为准"[201]。显然,这是把现中华人民共和国境内全域当作一个叙事单元,对数千年前各地异彩纷呈的史实来展开叙述的。

需指出的是，一个地区没有青铜时代，全然不见或仅见零星铜器而由新石器时代直接进入铁器时代是很正常的，并非所有区域都毫无缺失地经历了所有历史文化发展阶段。在中国考古学乃至历史学领域，为什么一定要在每一个罕有甚至全无青铜制品的区域都划出与中原地区青铜时代大体同时的"青铜时代"呢？中原王朝的影响波及范围以外的区域，有些还有待建立起根植于当地的文化史分期与谱系框架，但即便这个框架建立起来，其阶段划分的话语系统可能仍然不同程度地受到"中原中心"本位的影响。这一学术思维方式及其演变历程，本身就值得深思、值得探究。[202]

目下，学术界已充分地意识到作为研究对象的各地历史文化发展的不平衡性，具体的田野考古与综合研究作业也开始细密化，是时候在学术话语系统上跟进了。这是深化相关研究的必由之路。

时空遐思：对二维边界的探究

东亚"铜石并用时代"献疑

20世纪80年代，严文明教授正式提出了在中国新石器时代和青铜时代之间存在"铜石并用时代"的概念；并把铜石并用时代再分为两期："仰韶文化的时代或它的晚期属于早期铜石并用时代，而龙山时代属于晚期铜石并用时代"[203]。文中提出"是否一开始出现铜器就应算是进入了铜石并用时代"的问题，回答应是肯定的："如果说仰韶文化早期的铜器暂时还是孤例，而且制造方法还不明了,那么仰韶文化的晚期显然已知道炼铜,至少进入了早期铜石并用时代。"目前,这一划分方案成为学界的主流认识。

另一种划分方案是,"把发现铜器很少,大约处于铜器起源阶段的仰韶文化时期归属新石器时代晚期。可把龙山时代笼统划归为铜石并用时代(目前也称新石器时代末期)"[204]。与此相类的观点是"仅将龙山、客省庄、齐家、石家河、陶寺、造律台、王湾三期、后岗二期及老虎山等龙山时代的考古学文化或文化类型视为铜石并用时代"。其理由是,"我们目前还不能仅据新石器时代晚期的后段所产生的若干新因素去推想当时'可能'或'应该'有了铜器,所以,将一个实际上尚未出现铜器的时期也归并为'铜石并用时代'应该说是名不副实的"[205]。或有稍含蓄的表述,但也倾向于其无法独立分列出来:"仰韶时代的铜器显示当时已经进入铜石并用时代。为方便起见,现在一般仍将铜石并用时代归入新石器时代"[206]。冶金史专家也有类似的表述:"与世界其他主要文明不同,中国没有特别的铜石并用时期,中国的青铜业发展具有自己的特色。"[207] 的确,在第一种方案中,铜石并用时代"早期大约从公元前3500年至前2600年,相当于仰韶文化后期。这时在黄河中游分布着仰韶文化,黄河下游是大汶口文化,黄河上游是马家窑文化。在长江流域,中游的两湖地区主要是大溪文化晚期和屈家岭文化,下游包括太湖流域主要是崧泽文化"。其中,长江流域的大溪文化晚期、屈家岭文化和崧泽文化中尚未发现铜器及冶铜遗存,其他地区"这阶段的铜器还很稀少,仅在个别地点发现了小件铜器或铜器制作痕迹"[208]。而在《中国通史·第二卷》"铜石并用时代早期"一节近70页的叙述中,完全没有对铜器和冶铜遗存的具体介绍。类似情况也见于《中国西北地区先秦时期的自然环境与文化发展》一书，在关于铜石并用时代早期一千年（公元前3500—前2500年）遗存几十页篇幅的叙述中，仅一处提及林家遗址出土的马家窑文化青铜刀[209]。可见这一阶段铜器及冶铜遗存乏善可陈的程度。故学者对此多采取存而不论、一笔带过的处理方式[210]。

在认可"铜石并用时代"存在的观点之外，更有学者认为"其实铜石并用时代（Chalcolithic Age）又称红铜时代（Copper Age），是指介于新石器时代和青铜时代之间的过渡时期，以红铜的使用为标志。西亚在公元前6000年后期进入红铜时代，历经两千余年才进入青铜时代。红铜、砷铜或青铜在距今大约4000年前几乎同时出现在齐家文化中，数以百计的铜器不仅证明齐家文化进入了青铜时代，而且表明中国没有红铜时代或铜石并用时代"[211]。

关于"铜石并用时代"和"红铜时代"的关系，中国考古学家有自己的界定："过去一般认为，铜石并用时代是已发明和使用红铜器但还不知道制造青铜器的时代，所以有时也称作红铜时代。现在看来，这种理解有些绝对化了。不错，有些地区的铜石并用时代文化中只有红铜器而没有青铜……另一些铜石并用时代的文化则有青铜……中国不但在龙山时代有青铜和黄铜，就是仰韶时代也有青铜和黄铜，这当然与所用原料的成分有关，不能因为有这样一些情况而模糊了铜石并用时代和青铜时代的界限，以至于否认中国有一个铜石并用时代"[212]。

类似的表述是，"无论哪种意见所述铜石并用时代，都不能把它等同于铜石并用时代的概念。即使是目前发现红铜器较多的齐家文化，也并不能纳入单纯的红铜时代。中国早期没有形成一个红铜时代,走了不同于亚欧其他国家的冶铜发展道路"[213]。与此截然相反的认识是,"严文明所谓'铜石并用'其实是一个误导读者的名词,因为在仰韶文化时期与龙山文化时期,铜器在社会中所扮演的角色可谓微乎其微,用'铜石并用'来概括当时的社会极不恰当"[214]。

鉴于上述观点中的冲突,东亚大陆是否存在铜石并用时代?如果存在,是否能早到公元前3500—前2500年这个时期?都是值得进一步探讨的问题。

半月形地带与"中国弧"

如果我们站在号称"世界屋脊"的青藏高原上纵目遥望祖国大地,就会发现在高原的东北,有几道山脉连绵向东延伸,这就是青海的祁连山脉、宁夏的贺兰山脉、内蒙古的阴山山脉,直至辽宁、吉林的大兴安岭。而在高原西南部,也有几道山脉向南延伸,这就是由四川西部通向云南西北部的横断山脉。这一北一南两列山脉及其邻近的高地,在地理上如同一双有力的臂膀,屏障着祖国的腹心地区——黄河中下游和长江中下游肥沃的平原和盆地;在文化上,这一地带则自有其渊源,带有显著的特色,构成了古代华夏文明的边缘地带。

尽管这一高地绵延万里,从东北至西南成一半月形环绕着中原大地,但是从新石器时代后期直至铜器时代,活动于这一区域之内的为数众多的民族却留下了若干共同的文化因素,这些文化因素的相似之处是如此地明显,以致难以全部用"偶合"来解释。因此,

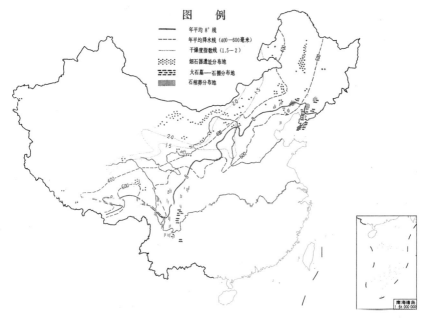

细石器、大石墓—石棚、石棺的分布与自然环境的关系示意
[据童恩正《试论我国从东北至西南的边地半月形文化传播带》文附图改绘，底图审图号：GS（2016）1569号]

我们如果能从头绪纷繁的文化现象中分析出这些共同之点，并且进而探讨产生这些共同性的原因，当有助于我们对于社会文化与生态环境之间的辩证关系的认识，增加我们对于古代边地民族之间的相互关系的了解。

这段优美而富于思想的文字，出自我国著名考古学家、科幻小说作家、四川大学教授童恩正（1935—1997）的笔下。这位才华横溢的学者，在20世纪80年代提出了"边地半月形文化传播带"的概念，用生态环境相似从而导致文化传播来解释这一地带出现的各种文化相似现象[215]（以下所引童恩正先生论述，皆出自该文，不另注明）。这条传播带上分布着汉藏语系、阿尔泰语系的各族群，面向欧亚草原的宏阔空间，是中国与中亚、西亚、欧洲文化交流的前沿阵地。

除了形状细小的打制石器——细石器、以石为棺的石棺葬和与其相关的大石墓（或称石棚）外，以下几项共同特征主要见于青铜时代的半月形地带。

以铸铜技术而言，在中原地区至少从二里头文化时期开始，青铜铸造业主要使用陶范，铸造以青铜礼器为主的各类器具。以后历商周时期，直至铸铁业开始，情况仍是如此。但在边地半月形文化传播带之内，铸造技术循着另一种传统发展，这就是用石范来铸造简单的工具、兵器或日常用品及装饰品。石范长期、普遍的使用，也应该视为这些边地族群青铜文化的特征之一。

用牛、羊、马等草食家畜来殉葬是这一文化带稍晚出现的一项共同特征，它在距今3700—3500年的二里头时代以后开始在北方各地区流行，西南地区在距今2500年的东周时代以后开始出现，并一直延续到历史时期。

与此相关，喜用马具、兵器与装饰品随葬是另一项稍晚出现的共同文化特征。这种习俗盛行于距今3500年以后，各地出现的时间不一致。马具和兵器是流动的游牧者与战士的标志。小巧便携的装饰品，尤其是有各种动物纹饰的装饰品是游牧族群喜爱的，也符合他们不断迁徙的生活习惯。

在青铜器的器形方面，东北地区、华北长城沿线与西南地区的相似性更加引人注意。国内外学者讨论最多的是青铜动物形纹饰。在我国辽宁西部、河北北部、内蒙古、宁夏沿长城一带，出土了许多以各种动物为主题的饰物或带有此类纹饰的器物，被学术界公认为北方游牧族群的遗存。在西南地区，动物形纹饰也颇盛行。

童恩正先生认为，游牧生业形态是不完整和不稳定的，因此游牧民一方面依赖与定居和农耕的华夏族群交往、贸易，一方面又要进行掠夺。这种状态在古代中国持续了两三千年。历代中原王朝为了抵御北方游牧民的入侵用尽智慧，想出各种办法，汉代曾将长城推进到今蒙古国境内的草原腹地，却始终无法改变这条"由生态文化所构成的环绕中国腹心地区的半月形边地生态文化带"。

童恩正先生还指出，这些现象产生的原因，既有民族的直接迁徙、融合和交往，也有间接的观念的传播，甚至不排除某些因素有两地独立发明的可能性。我们探讨这一半月形地带呈现某种文化同一性的原因时，首先应当考虑的就是与其相近的生态环境。边地半月形文化传播带的位置，恰好从两面环绕了黄河中游的黄土高原。其主要地貌为山地或高原，平均海拔1000—3500米。此外，太阳的平均年度辐射值大致相近，此地带的年平均温度相当接近，农作物及木本植物的生长期接近，降水量大致位于年降水量400毫米及600毫米两条等雨量线之间……总之，这一从东北绵延到西南的半月形地带，其自然景观十分相近。它既非干旱的大漠荒原，又非湿润的丘陵盆地，而是一种基本上由高原灌丛与草原组成的地带。

英国艺术史学者和考古学家、牛津大学教授杰西卡·罗森爵士，正是在童恩正教授的半月形文化传播带的基础上，提出了一个特殊的人文地理学概念，她称之为美丽的"中国弧"[216]。她认为，

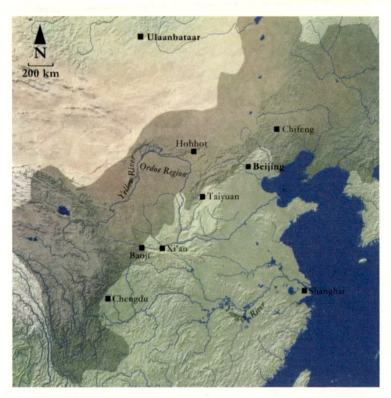

罗森教授的"中国弧"概念

古代中国的版图可以从自然和文化的角度分为三个区域：一是东南的中原地带；二是西北方的草原地带；三是在这两个气候、经济、文化颇为不同的地理区域中间的那个弯弯的、像半月形的区域，就是"中国弧"。

罗森教授认为，在"中国弧"的西侧，中国古代文化发展的步伐，和整个欧亚大陆中心地区同步；在"中国弧"的东侧，古代中国则是另一种独特的面貌，与欧亚草原的发展步伐并不一致。而正是这个美丽的"中国弧",成为东西方交流的纽带和桥梁。

对于古代中国与外部世界的关系,罗森教授的核心观点是,自公元前3000年(或前2500年)以来,古代中国的中原地区一直以自己的方式与外部世界发生联系,它的社会与物质系统很早就呈现出了"中国特色"。大凡传入中国的新技术,都会被"本土化"。中国只接受那些可以被本土化的新鲜事物,对难于转变者往往拒绝。比如青铜,原本作为一种武器技术在欧亚间传播,一旦进入中原地带后,很快与本地的祭祀传统融合,于是武器变成了有礼仪功能的炊具和酒器[217]。

一个例子是,西来的权杖和中原地区以鼎、爵为代表的礼器都见于半月形地带或"中国弧"区域,但权杖基本没能进入这一地带所圈围的东亚大陆腹心地区,而鼎、爵等中原王朝文明的礼器,则没能突破这个半月形地带或"中国弧"。

中华文明具有很强大的吸纳力。中原文化在与草原文化的接触过程中,不无智慧地保留了可被自己所用的东西,摒弃了违背自己传统和无法被转化的部分。同时,两种文明中具有自己特色的物质文化面貌,一直被珍视和保持着。罗森教授认为,"中国弧"也是理解欧亚历史长时段效应的一把钥匙,是一个"超稳定结构"。

日本九州大学宫本一夫教授在《讲谈社·中国的历史1》中的总括性认识发人深省:"我们不能用以中原为中心的单一的发展规律和战国时代以后正式成形的中华的概念或者说是中国的概念来看待其后的中国史。""以中华文明为主干的中国史观不过是着眼于一方的区域历史","中国的历史并不只是农业社会的历史"。"商周文化是南方的文化轴,北方青铜器文化是北方的文化轴",两条文化轴的"接触地带才是生成新的社会体系的源泉所在"[218]。更有学者指出，半月形文化带的形成显然与青铜时代全球化的出现有很大关系[219]。种种表述，都颇具启发意义。

英国剑桥大学考古学教授伦福儒指出，"现在，（考古学）已成为世界各国许多人都感兴趣的一个领域。其部分原因是，它使我们每个人都有机会充分地了解本国的历史。但是，如果把注意力只集中于本国，那就是沙文主义。考古学还使我们有可能把每个国家的早期历史看作整个人类更大范围的历史的一部分"[220]。不识庐山真面目，只缘身在此山中。边地半月形文化传播带和"中国弧"，就是我们从欧亚大陆文明史的视角解读早期中国的一个重要的切入点。

潮余拾贝：器物身世趣话

谜一样的兽面铜牌饰

20世纪80—90年代，在地处中原腹地的二里头都邑遗址二里头文化时期的贵族墓葬中，接连发现了数枚镶嵌绿松石的兽面纹青铜牌饰。在古代中国，"吉金"是青铜的美称，而"石之美者"为玉。这批属于中国青铜时代肇始期的镶嵌绿松石铜牌饰，显然是中国最早的"金镶玉"艺术品。

值得注意的是，这类器物仅见于二里头文化时期或稍晚，来去倏忽，存在了二百年左右，身世扑朔迷离，成为千古之谜。

铜牌饰的正面均近圆角长方形，有的呈亚腰状，长15厘米左右，宽一般不足10厘米，并不大。略微拱起的弧形铜胎上铸出兽面纹，再以数百枚细小的绿松石片镶嵌其上。绿松石片被琢磨成各种形状，勾画出神兽奇异的眼、鼻、角和其他部位；神兽虽形态各异，但均以浑圆的绿松石珠为睛。做工精巧，令人叹为观止。铜牌饰作为随葬品，一般放置在墓主人的胸前或腕部附近，两条长边外侧各有两个穿孔的纽，或许是缝缀在衣物或其他介质上的。关于其功用，学界推测有饰品（臂饰）说、马具说、权杖说、护身说、神像说、礼器说、巫具（法器）说等，不一而足。

　　值得注意的是，出土铜牌饰的墓葬往往还随葬响器铜铃。在当时，铜牌饰和铜铃应呈古铜色，与蓝绿色的绿松石交相辉映，铜铃叮当作响，可以想见持有者生前的气派。随葬这两种重要器物的贵族，他们的身份也很可能与其他贵族有异。那么，他们是些什么人呢？是主持图腾神物祭祀的"御龙氏"，还是乘龙驾云、可以沟通天地的祭师或巫师？研究者的结论大多限于推想的层面。

　　英、美、日等国的多家著名博物馆、美术馆乃至私人收藏家藏有10余件类似的铜牌饰。科学发掘出土的二里头文化铜牌饰，为这些铜牌饰的年代与文化归属等问题提供了坚实的依据。有的学者甚至认为流散海外的铜牌饰中，相当一部分应当就是早年出土于二里头遗址的[221]。

　　显然，这些制作精巧、充满神秘色彩的铜牌饰当属礼仪用器。对其功能和寓意，研究者们见仁见智。铜牌饰表现的兽面形象尽管不同，但大体可分为上下两个单元，下部表现兽面，上部则表现肢体或头部的某一部位。那么，铜牌饰表现的究竟是何种动物，是龙

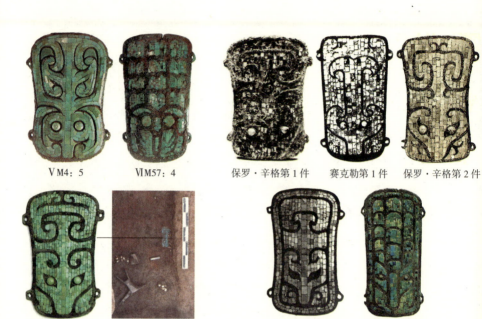

世界各地的二里头风格铜牌饰
1. 二里头出土铜牌饰；2. 流散海外的铜牌饰

是虎，是鸟是鸮，是鳄是鼋，是狐是熊，是羊是鹿还是犬？学者们也众说纷纭。

2002年春，在二里头遗址宫殿区的一座贵族墓中出土了一件大型绿松石龙形器，整器长约70厘米，和铜铃放置于墓主人骨架之上。全器由2000余片各种形状的细小绿松石片组合而成，单片绿松石仅0.2—0.9厘米，厚仅0.1厘米左右。原来应是粘嵌在木、革之类有机物上。

绿松石"龙"形体长大，巨头蜷尾，龙身曲伏有致，形象生动。其用工之巨、制作之精、体量之大，在中国早期文物中是十分罕见的。这一精工造就、至少由两种动物形象组合而成、不见于自然界的灵物，当然会诱发人们关于"龙"的丰富联想。

有的学者认为这应是一个在红漆木板上粘嵌绿松石片而形成的"龙牌"，是宗庙管理人员在祭祀场合使用的仪仗器具。有的学者直接叫它"龙杖"，认为它是一种特殊的权杖。有的学者认为这是早期的旌旗，其上装饰升龙的形象。以死者生前所用旌旗覆盖于尸体之上，应是早期旌旗制度的反映。《诗经》中记述周王祭祀于宗庙，有"龙旂阳阳，和铃央央"的场景描写，与该墓中龙牌与铜铃共存的情况，颇为契合。墓主人应是供职于王朝的巫师，其所佩龙旂具有引领亡灵升天的宗教意义[222]。

总体上看，二里头文化正处在东亚大陆早期龙形象由"多元"走向"一体"的奠基与转折的关键时期。随着中原王朝的社会文化整合，本来具有多源性特征的各地新石器时代的龙形象也规范划一，并逐渐抽象化和神秘化，作为兽面纹固定下来，后来成为商周青铜礼器最重要的装饰主题。

在大型绿松石龙形器发现之后，通过比较分析，可以知道二里头遗址出土的镶嵌绿松石兽面纹铜牌饰上的图案，大部分应当是龙，尤其是其头部的简化或抽象表现。

镶嵌绿松石兽面纹铜牌饰的问世虽嫌突兀，但已有学者指出在二里头文化之前的龙山时代晚期，源自海岱地区的龙山文化、晋南地区的陶寺文化等区域文化的动物形象和绿松石镶嵌工艺，都为二里头文化最早的兽面纹"金镶玉"珍品的出现奠定了基础[223]。历史学家李学勤更认为这种传承"不仅是沿用了一种艺术传统，而且

二里头绿松石龙形器及其嵌片

是传承了信仰和神话"。具体而言，二里头遗址出土的嵌绿松石铜牌饰上，"饕餮的两目则趋向商代通行的'臣'字形，只是内眦的样子还不那么典型。这些铜饰上的饕餮纹的面部，很像二里头出土的一件陶片上刻成的双身龙纹的头部……由此可见，铜饰上面的饕餮实质是龙"，"二里头文化铜饰的花纹是龙山和商代饕餮纹的中间链环，已经是很清楚的了"[224]。

另有学者认为，以青铜制作装饰品是北方族群长期延续的习俗，而不符合中原文化的传统；镶嵌绿松石铜牌饰上的兽面纹应主要表现的是羊和鹿，其起源地应为河西走廊一带齐家文化、四坝文化的分布区，而新疆哈密地区出土的未镶嵌绿松石的青铜牌饰或为其渊源[225]。如是，镶嵌绿松石铜牌饰，就应是青铜时代"全球化"大潮下远程文化交流的产物。其身世之谜，尚有待进一步破解。

无论如何，在烈火中范铸的贵金属青铜镶嵌着本土崇尚的宝玉绿松石问世，正值青铜合金这种当时的高科技产业出现之时，金玉共振，标志着辉煌灿烂的中国青铜时代拉开大幕。

巫术之镜，妆容之镜？

中原地区目前出土最早的圆板具纽铜镜，见于安阳殷墟妇好墓等商代晚期遗存中。它们并非当地制造，而带有强烈的内亚草原文化特征[226]。但关于其具体来源，则众说纷纭。甚至，这些早期的具纽或不具纽的圆片状铜器或类似物，究竟是否拥有与后世铜镜相同的照面饰容功能，都存在争议。这里，我们姑且先称之为铜镜。

五 观潮的断想

西北地区的几处发现，颇令人瞩目。甘肃张掖西城驿遗址出土的石质镜范，属西城驿文化末期，年代在公元前1700年前后[227]。这是东亚地区最早的与铜镜铸造有关的遗物。稍晚的甘肃玉门火烧沟遗址出土了属于四坝文化的铜镜；甘肃广河齐家坪、青海贵南尕马台遗址分别出土了属于齐家文化晚期的铜镜，其绝对年代都在公元前1700—前1500年前后。

此外，类似的圆片状铜器，还有玉门火烧沟遗址出土的铜"镜形饰"、酒泉干骨崖遗址出土的带纽铜"牌饰"，以及中原地区的偃师二里头遗址出土的铜"圆形器""圆泡形器"[228]等。

林沄教授较早注意到妇好墓出土铜镜上的几何纹饰"和北方系青铜器刀、剑柄部和战斧上的纹饰属同一类型。这种纹饰的铜镜，在青海尕马台齐家文化遗址中也发现过"，进而推测"妇好墓出土的这几面铜镜都是从中国的北方系青铜器分布区传来的"[229]。李学勤、宋新潮等也将其与齐家文化铜镜联系在一起[230]。

新疆哈密天山北路墓地一般被认为不晚于齐家文化，或其上限早于齐家文化晚期。近年有学者将其年代推定在公元前2000—前1500年[231]。刘学堂认为该墓地是目前中国境内圆形铜镜发现最早、最集中的一处墓地，可称为中国早期铜镜的始源地。该墓地墓葬随葬品的绝大多数为铜质装饰品，尤以各种圆形和方形牌饰为大宗，而"所谓的圆形铜镜就包含在了各种圆形铜牌饰中"，实际上铜镜与圆形牌饰间并无明确界限，用途也应完全一致。鉴于该墓地常常是一座墓的墓主人骨架上覆盖数件至数十件这类圆形牌饰，类似情况也见于中国西北、北方和中原地区的早期墓葬中，故它们应

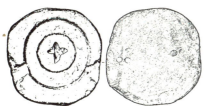

张掖西城驿石镜范（左），贵南尕马台（中）与据传出自临夏（右）的铜镜

是"巫师进行原始宗教活动中使用的法器或巫具"，由新疆经西北或北方传至中原、东北等地[232]。这种对早期铜镜功能的解释，得到了不少学者的认同。

这些铜镜及类似物更早的起源，则被追溯到欧亚草原广泛分布的安德罗诺沃文化，带纽铜镜作为安德罗诺沃文化晚期的一种标志性器物，见于今吉尔吉斯斯坦、哈萨克斯坦、阿尔泰及南西伯利亚及中国新疆等地区[233]。或认为齐家文化、二里头文化所见铜镜及类似物源自中亚地区的巴克特里亚·马尔吉阿纳文明体（BMAC）[234]的农业区。

有趣的是，胡博在上引论文中，径直将二里头遗址出土的嵌绿松石圆形铜片残件称为铜镜。二里头遗址的发掘者也曾推断这类圆片状铜器为镜[235]。近来有学者推断其中形体稍大者可能为某类宗教人物在进行某些仪式性活动时所持的法器，稍小者可能固定在某种木质材料上，或为先民服饰上的系挂之物[236]。

自战国时期始，用于照面饰容的圆板具纽铜镜，才成为中国古代铜镜的主流。

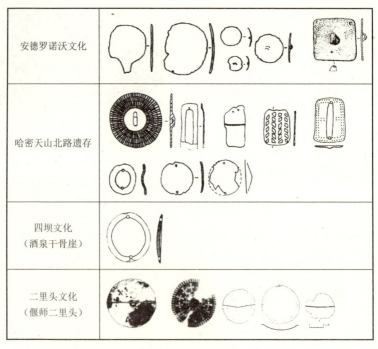

铜镜及类似物可能的源流

长身战斧与环首刀

20世纪70年代，二里头遗址的一座贵族墓出土了一件类似钺的长条形青铜兵器。该器长达23.5厘米，宽仅3.1厘米，刃部窄厚。发掘者在简报中先是称之为"戚"，在正式报告中又改称"钺"。但显然它与二里岗文化、殷墟文化中所见青铜钺缺乏承继关系。在中原地区，这类器形从未见过，到目前为止还是独此一件。因此，学者在论及商代青铜钺的流变时，并未将其纳入钺的系统，而是认为"目前所发现的青铜钺最早属二里岗上层，二里岗下层和

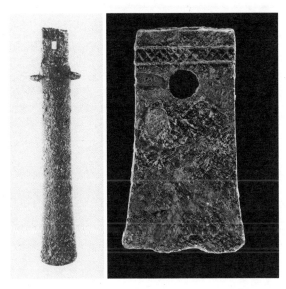

二里头文化青铜长身战斧（左）与青铜钺（右）

二里头文化时期尚未发现"[237]。另有学者在专论商代兵器时则认为该器为"戚"而非钺[238]。需指出的是，近年在二里头遗址已发现属二里头文化晚期的青铜钺，这是迄今所知中国最早的青铜钺。

诚如林沄教授指出的那样，戚是两侧有装饰性扉棱的钺[239]，他认为二里头遗址出土的这件器物窄刃、身长而厚的特征和早期北方系战斧的斧身很相近。而且在斧身和装柄部之间，有两个向外伸出的尖齿，和一部分早期北方系刀子在刀身和刀柄之间的尖齿形状相同。因此，这实际上是 件北方系的战斧，只是在安柄方式上接受了中原系的影响而改为扁平的内（nà）而已。而从宏观视野看，欧亚大陆草原地带及其毗邻地区有不少年代早于此的青铜文化

五 观潮的断想　153

存在。比如在伊朗，类似的长身窄刃战斧的年代多被定在公元前第二千纪的中期或早期。林沄教授进而推定二里头遗址贵族墓出土的青铜战斧与环首刀等器物，应属于"北方系青铜器或有北方系成分的青铜器"[240]。

如果说长身战斧在二里头和二里岗时代的中原和北方地区属仅见，那么二里头出土的环首刀，就是源流有绪了。刀属于工具类，起源较早，有柄石刀和石刃骨刀等应是铜刀的前身。中原地区常见的铜刀只在有刃的刀身之后加一段无纹饰的装柄部，用以夹入其他质料的柄中，可称为复合柄刀。二里头就出土过这类铜刀，它属于较早的形态。此后中原地区延续这一传统，装柄方式已通过对殷墟出土物的研究得到复原[241]。在早期金文中，象形性很强的刀形符号都与这类铜刀形状一致。而20世纪80年代在二里头遗址发现的这件环首刀，则与众不同。它从有刃的刀身连铸出可以直接把握的铜柄，可称为连柄铜刀，柄部还有镂孔纹饰。除了镂孔和环首外，刀背有凸沿，刀柄厚而刀身薄，柄身之间因厚薄不同而形成明显分界。鉴于上述，林沄教授指出这是早期北方系铜刀习见的特点，而具有上述特点的铜刀广泛分布于我国西北地区、蒙古和俄罗斯的草原地带[242]。

据最新研究，在东亚大陆，最早出现青铜刀的是西北地区。即便甘肃东乡林家青铜复合柄刀属于无后续的孤例，甘肃永登蒋家坪青铜刀也可确认属马厂文化晚期（大约公元前2100—前1900年）。此后的多种合金尝试期晚段或稍晚（约公元前1900—前1500年），分布于河西走廊至陇东的西城驿-齐家共同体、齐家文化晚期和四坝文化遗存中，青铜刀多有发现。总体来看，在这四百年左右，西

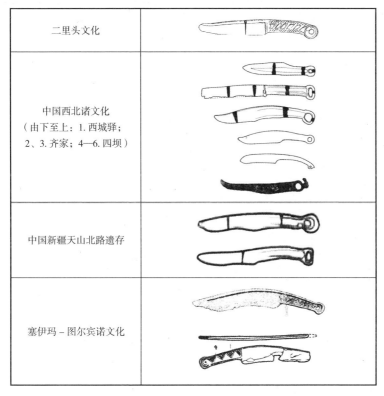

二里头、中国西北及内亚地区的环首铜刀

北地区早期以复合柄刀为主；晚期连柄刀的数量大大超过复合柄刀，又以环首刀数量最多，型式最丰富，成为西北地区铜刀的典型代表。相比之下，中原地区到了相当于二里头文化晚期时，铜刀的数量才有较大的增加，形制开始规整起来，形体变大，以复合柄刀为主，罕见连柄刀。而二里头环首刀应不是中原地区生产的，而是直接从西北地区输入的。在西北地区先进技术的影响下，中原地区才铸造出了有自身特色的环首刀[243]。

有学者认为，中原及周边地区的连柄环首刀可能与齐家文化有关[244]。至于甘肃地区早期青铜刀的来源，学者多指向内亚地区的塞伊玛-图尔宾诺文化[245]。

喇叭口耳环与臂钏

以首饰来装点自己可能是人类较早萌发的对美的追求之一，而作为耳饰的玉玦应该是最早的玉质装饰品，在距今约8000年前出现。此后，在新石器时代的东亚大陆，逐渐形成了若干制玉中心，随着社会复杂化，对美玉的拥有和展示也逐渐成为一种炫耀身份或彰显社会地位的手段。用玉制作的首饰几乎覆盖了人体适于装饰和炫耀的所有部位。即便进入青铜时代的早期王朝时期，在人体装饰领域，玉器仍占有无可替代的地位，考古发现中少见精美的金属首饰。

与此形成鲜明对比的是，在中原以北的西北至北方地区，以畜牧为主要生业或半农半牧的人类集团，在首饰的质料选择上与中原等农耕区大相径庭——似乎缺乏用玉的传统。随着金属冶铸技术的出现，尽管这些群团在青铜器的生产、使用上不如中原地区发达，但使用青铜制作人体装饰品的现象却更为普及[246]，成为后来长城沿线一带一道亮丽的风景线。

在金属耳饰中，一端呈喇叭口式的耳环最具特色。这类耳环见于河西走廊的四坝文化、内蒙古中南部的朱开沟文化、燕山南北的夏家店下层文化和东北地区南部的高台山文化中。其源头可向西追溯到分布于西伯利亚和中亚的安德罗诺沃文化，但形制上有所变异，在安德罗诺沃文化中整体为圆形，喇叭口亦为圆形。至中国北方地区，则整体多呈 U 形，喇叭口为椭圆、扁圆及菱形等[247]。除了铜耳饰外，还有金、银质的耳饰。

另有一端宽扁或两端宽扁的金属耳环，有些可能就是从喇叭口式耳环演变简化而来的。与其形制、工艺相近的，还有两端砸扁的金属臂钏。

臂钏，或称臂镯，是古人戴在手臂上的环形装饰物。唐代元稹《估客乐》有"镕石打臂钏"的诗句，五代牛峤《女冠子》词也有"臂钏透红纱"之句。中国北方地区所见铜质或金质臂钏，见于西北地区的齐家文化、内蒙古中南部的朱开沟甲类遗存和燕山南北的夏家店下层文化。一般两端合围成环，开口，合围处呈扇面状。这种流行于中国北方地区的器物，"虽然被考古文献称为'臂钏'，但是缺少戴于手臂的资料，之后在中原地区没有出现或传播，只能从中亚相似器形的手钏中来思考其源流"[248]。

说到黄金，首饰很可能是黄金应用的第一个领域。河西走廊四坝文化的金鼻环和耳环是中国已知最早的金首饰，金耳环见于齐家文化晚期、夏家店下层文化，金臂钏见于夏家店下层文化。这些黄金饰品的形制和当时的青铜饰品基本相同，应是当地青铜技术的一种延伸。

要之，就首饰的质地而言，在北方地区一直以金属为主，基本不见玉器，形制独特的黄金首饰更成为北方文化集团区别于中原文化的一种标识。而在中原地区，尽管至迟在二里岗至殷墟时代黄金就被认识和应用，但一直到黄金成为财富价值体现的汉代，首饰的制作仍以美玉为主要的材料，黄金这种在今天看来最适于制作首饰

五 观潮的断想

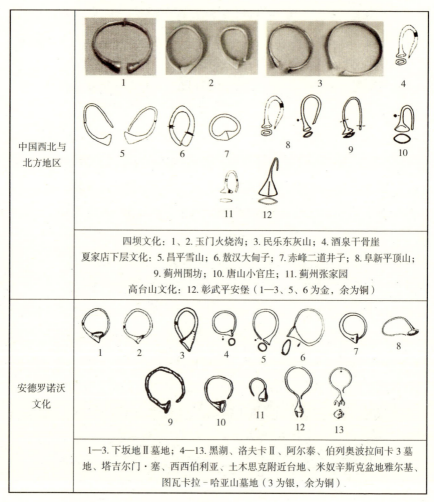

中国西北、北方及邻近区域的金属饰品
（据党郁《北方长城沿线地带金属耳饰初探》图二、五改绘）

的材料，到汉代结束都基本没有出现在人体装饰领域。从更大的视角来看，中亚和更北的西伯利亚始终以黄金为贵，一直流行以黄金来制作首饰，黄金的应用也远早于东亚。"在中国北方诸考古学文化中无论是黄金还是青铜的首饰中都不时能够看到来自西方的影响，所以中国北方文化集团流行使用黄金首饰的观念无疑同它们与西方具有较多的联系有关"[249]。

渐远渐变的倒钩铜矛

1992年，青海西宁沈那遗址出土了一件特殊的器物——阔叶倒钩铜矛，通长62厘米，宽约20厘米，出土时骹内还有木柲残迹。除了器形硕大外，最吸人眼球的是宽大的矛叶与骹管相接的骹壁一侧带有曲状倒钩。我们把这类器物称为阔叶倒钩铜矛。

在最初的简讯中，发掘者称其属于齐家文化，但在随后"中国文物精华展"的图录上，它被标注为"齐家文化至卡约文化（约公元前20—前11世纪）"[250]。就当时乃至现在学界对齐家文化冶金水平的认知，的确不敢相信早在二里头时代甚至更早，西北地区就存在如此体量的青铜器。这种模棱两可的断代引起了学界的怀疑，以致多有争论，不少人认为其属于卡约文化的可能性更大，而卡约文化要晚到约当二里岗文化晚期甚至更晚了。

2008年，4件倒钩铜矛在汉江水系的河南淅川下王岗遗址出土。出土铜矛的灰坑并无同期陶器等共出，被西周时期的地层叠压，又打破龙山文化晚期的地层。可知"淅川矛出土的层位关系并不能为其提供一个精确的相对年代范围"[251]。发掘者推测属于龙山文化末期，但并无确证。

因而,尽管有两处考古发掘所得的铜矛信息,但这类器物的具体年代与身世仍然扑朔迷离。不过这并不能减淡考古学者的探索欲。近年,自20世纪50年代以前零星出土的一批阔叶倒钩铜矛资料开始重新引起中国考古学者的关注。据初步统计,迄今出土的、见于各地博物馆和相关研究机构的采集收藏品不少于15件。从发现地点看,阔叶倒钩铜矛及其相似品分布于青海、陕西、山西、辽宁和河南等地(其中辽宁朝阳征集的一件并无倒钩)[252]。饶有兴味的是,它们较为集中地分布于中原及其西北和以北地区,而且带有浓重的外来气息。

有学者对中国境内散见的阔叶倒钩铜矛进行类型划分,并将其与欧亚草原地区同类器进行类比分析,认为这类器物是甘青地区齐家文化人群与更北的塞伊玛-图尔宾诺文化人群接触交流的结果,但这类铜矛并非异域器物的直接输入,而是制作技术的传入,即它们是齐家文化人群"仿制"欧亚草原地区同类器的产物。淅川下王岗遗址"新近出土者,应系从齐家文化的分布地域甘青地区传入中原地区,并作为一种外来文化因素在二里头文化中得以传承和保存"[253]。

所谓塞伊玛-图尔宾诺文化,又被称为"塞伊玛-图尔宾诺现象"(Seima-Turbino Phenomenon)[254]。这是广泛分布于欧亚草原东部的一种青铜时代考古学文化。其典型器包括弧背刀、套管空首斧、马头刀和倒钩铜矛等。约公元前2100—前1700年,塞伊玛-图尔宾诺文化在阿尔泰山一带异军突起,随后沿森林草原地带的主要河流向西伯利亚平原、乌拉尔山和东欧平原传播,向南则到了中国新疆乃至内地。而上述阔叶倒钩铜矛应该就是该文

| 阿尔泰山北麓塞伊玛-图尔宾诺文化倒钩铜矛 | 乌拉尔地区罗斯托夫卡墓地出土塞伊玛-图尔宾诺文化倒钩铜矛 |

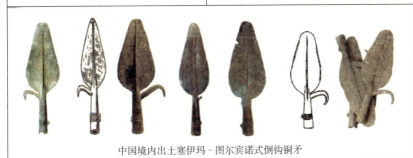

中国境内出土塞伊玛-图尔宾诺式倒钩铜矛

东亚大陆与内亚地区倒钩铜矛的比较
（中华文明探源工程项目执行专家组《中华文明探源工程成果集萃》，2016）

化南向扩散的余波。

　　学者们通过比较，意识到中国境内发现的倒钩铜矛，虽然与域外塞伊玛-图尔宾诺文化的铜矛有亲缘关系，但长得却不一样，最大的差别就在这阔叶上。前者没有尖锐的矛头和窄小的矛叶，代之以圆弧形钝锋，器形也变得宽大圆钝。显然，塞伊玛-图尔宾诺文化倒钩铜矛显现出作为武器的实用性特征，而中国境内的阔叶铜矛很可能已变为具有仪仗性的礼器。这种变化不是骤然发生的，最新

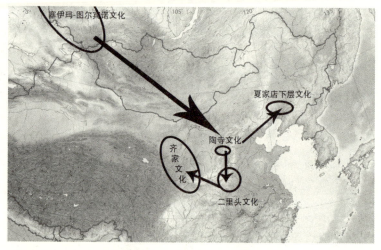

塞伊玛－图尔宾诺式铜矛传播路径示意
(林梅村主编《塞伊玛－图尔宾诺文化与史前丝绸之路》插图7-7)

的研究表明,在塞伊玛－图尔宾诺文化分布范围内,有銎矛随着时间的推移在形态上已有所变化,器形渐大,逐渐失去实用功能。由跨区域的比较也可知,形态上的差异反映了这种倒钩铜矛并非长距离、跨文化的直接"舶来品",显然是在青铜文化东向传播过程中加以改造、有所扬弃的本土"仿制品"。

至于前述那两处发掘出土倒钩铜矛的年代,在新发现及这一大的文化传播背景日渐清晰的情况下,也有了较为合理的解释。随着对齐家文化中单耳空首斧、有柄弧背刀以及"勿"字纹、三角纹等具有塞伊玛－图尔宾诺文化风格的铜器和装饰风格的确认,学者们相信西宁沈那铜矛也应该是齐家文化接受塞伊玛－图尔宾诺文化影响的产物。而形制复杂、铸造技术要求高的铜器,集中出现于齐家文化晚期阶段[255],沈那铜矛也应属此期,其年代如前所述,应

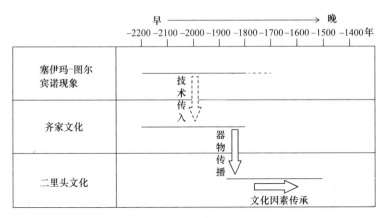

倒钩铜矛的传播与相关青铜文化的年代
（胡保华《试论中国境内散见夹叶阔叶铜矛的年代、性质与相关问题》图八）

不早于公元前1700年。而深入中原腹地的淅川下王岗铜矛的年代，亦不应早于此，故认为其为二里头文化时期遗物[256]的推断是有道理的。

权杖受阻于神奇"弧带"

权杖，是古代贵族或掌权者用来彰显自身权力和地位的一种棍杖类器物。其柄部多为易腐的木质，顶端多由石或铜等材质制成，因而得以保存下来。西方学界称之为"权杖头"（macehead）。

与倒钩铜矛一样，在中国，权杖头也集中出土于西北和北方地区，最初被称为"棍棒头""环状石器"，甚至兵器中的"殳"，一般认为起源于本土[267]。李水城教授将北方地区的"棍棒头"与甘肃、赤峰等地区发现的类似器物称为"权杖头"，认为来源于西方，并且此类文化因素沿着近东—中亚—中国西北—长城沿线这一大致

五　观潮的断想　163

相近的经济文化带进行传播扩散[258]。

中国境内发现的最早的权杖头,是甘肃西和县宁家庄出土的彩陶权杖头和秦安大地湾出土的汉白玉权杖头,年代均在公元前约3500—前3000年。从世界范围来看,早在公元前9500—前8800年,安纳托利亚高原就有石权杖头出土。除此之外,两河流域及埃及等地也发现了大量权杖头,年代早于中国出土的权杖头,因此中国的权杖头应来源于近东地区[259]。相对于本土起源说,这一认识是很值得重视的。上述甘肃新石器时代遗址发现最早的两件,宁家庄那件的尺寸远远大于目前能明确判断为权杖头的其他器物,而且还是目前中国所发现唯一的陶质权杖头;大地湾所出,与后世权杖头在形制演变上有较大的缺环。因而"将这两件器物确定为中国发现最早的权杖头,还需要更多的证据"[260]。

经对新石器时代至东周时代权杖头的细致梳理,可知近扁球体的圆形权杖头最为古朴,延续时间长,在前殷墟时代,分布于新疆、甘肃、内蒙古、辽宁、吉林等地。而主体表面有各类装饰的则较为罕见,就前殷墟时代而言,有饰动物状凸起物的,如玉门火烧沟四坝文化的四羊首权杖头;或周边有齿状装饰的,如新石器时代晚期内蒙古南宝力皋吐墓出土的黑煤精石权杖头。

就渊源而言,最早在安纳托利亚高原出现,在埃及、中亚等地区都多有发现的近扁球体的圆形权杖头,从数量和年代上都远超和远远早于中国境内的发现,故其源头就在近东地区,应是可信的。除此之外,从时间上和形态上看,这类权杖头应是最原始、最基本的类型,其他类型的权杖头是在其基础上发展起来的。中国境内发现年代最早的权杖头便属于此类,而且在形制方面与西方的同类权

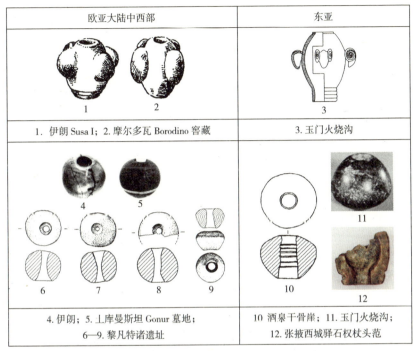

欧亚大陆东西部权杖头比较

（据杨琳等《中国古代权杖头渊源与演变研究》文附图改绘，
12 引自甘肃省文物考古研究所等《甘肃张掖市西城驿遗址》）

杖头极其相似，没有产生太多本土化的变化。

　　主体表面有各类装饰的权杖头，同样能在西方找到相似物。早在公元前四千纪，伊朗地区就有饰椭圆形凸起物的权杖头出现。高加索地区、黑海沿岸、中乌拉尔区域以及南俄罗斯地区，都较流行此类权杖头。甘肃玉门火烧沟四羊首权杖头，不过是将椭圆形凸起物以四个羊首代替，从形态与整体风格来看，仍受到中国境外椭圆形凸起物装饰风格的权杖头的影响。这种变化表面上看是对不同外

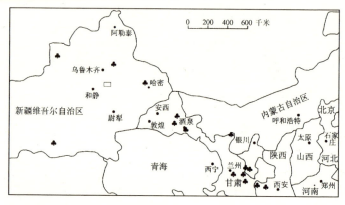

中国西北地区早期权杖头发现地点
(李水城《文化馈赠与文明的成长》图六)

来文化因素的重组和融合，实则更可能是掺入了当地人群理解和意识的一种再造[261]。

中国境内新石器时代至青铜时代早期权杖头的分布，自新疆达于东北，出土最为集中的当属甘肃地区的齐家文化和四坝文化。到了殷墟和西周时期，才偶见于陕西、河南的个别地点，譬如殷墟妇好墓和宝鸡西周强国墓地。那么，权杖文化为何没有渗透并扎根于中原腹地呢？现在我们可以说，它是被挡在了那条神奇的"弧带"以外了。如果把上述权杖头的发现放到这样的人文地理大框架中去看，就不难发现权杖头的东渐，基本止于既是交流带又像隔离膜的"半月形地带"或"中国弧"地带。

最初，"半月形地带"或"中国弧"地带只是早期中国的边缘地带，后来成了多元大中华的重要组成部分。早期中国形成与初步发展之谜，要靠深入研究这条神奇的"弧带"去破解。

附录一　余绪寻踪："重器"纵览

由晚至早列举各区域各时期"高大上"（高科技、大体量、优质上品）的青铜重器，可一窥青铜潮的"潮头"、区域特色及传播路径，以及本书涉及的"前甲骨文时代"之后殷墟时代青铜文明的高度。这些重器最易量化、最能显现其工艺水平高度的一般也是体量，所以这里的"之最"，都是选取该时代体量最大的铜器（含铸范）。而在各区域同时期"重器"的比较中，可以窥见各区域间青铜文明的风格之别、高度之别；对同一区域不同时段"重器"进行比较，则可以感知青铜潮由弱渐强的磅礴气势。

（一）中原地区

司母戊方鼎
时　代：殷墟（晚商）
尺　寸：口径长116、宽79、高133厘米，
　　　　重832.84千克
出土地：河南安阳殷墟
殷墟文化
有铭文

妇好三联甗
时　代：殷墟（晚商）
尺　寸：口径长103.7、宽27、高68厘米
出土地：河南安阳殷墟
殷墟文化
有铭文

方鼎（杜岭1号）
时　代：二里岗晚期
尺　寸：口径长62.5、宽61、高100厘米，
　　　　重86.4千克
出土地：河南郑州
二里岗文化

圆鼎（向阳回族食品厂 H1：1）
时　代：二里岗晚期
尺　寸：口径52、高77.3厘米，重33千克
出土地：河南郑州
二里岗文化

（一）中原地区（续）

斝（C8M32：1）
时　代：二里岗早期
尺　寸：口径 17.2、高 24.5 厘米
出土地：河南郑州
二里岗文化

斝（84VIM9：1）
时　代：二里头晚期
尺　寸：口径 17—18、高 30.5 厘米
出土地：河南偃师二里头
二里头文化

戈（VIKM3K3：2）
时　代：二里头晚期
尺　寸：通长 32.5 厘米
出土地：河南偃师二里头
二里头文化

（一）中原地区（续）

铃（02VM3：22）
时　代：二里头早期
尺　寸：通高 8.5 厘米
出土地：河南偃师二里头
二里头文化

齿轮形器（01M11：2）
时　代：龙山晚期（公元前 2000—前 1900）
尺　寸：外径 11.4 厘米
出土地：山西襄汾陶寺
陶寺文化

铃（M3296：1）
时　代：龙山晚期（公元前 2000—前 1900）
尺　寸：直径 6.3、高 2.65 厘米
出土地：山西襄汾陶寺
陶寺文化

（二）西北至北方

实心圆雕马
时　代：殷墟（晚商）
尺　寸：通长26.5、高18.5厘米
出土地：陕西甘泉阎家沟
李家崖文化
有2件

曲颈铃首剑
时　代：殷墟（晚商）
尺　寸：通长39厘米
出土地：陕西甘泉阎家沟
李家崖文化

环首刀（M1004：3）
时　代：二里岗晚期
尺　寸：通长34.9厘米
出土地：内蒙古伊金霍洛旗朱开沟
朱开沟文化

环首短剑（M1004：2）
时　代：二里岗晚期
尺　寸：通长25.4厘米
出土地：内蒙古伊金霍洛旗朱开沟
朱开沟文化

（二）西北至北方（续）

连柄戈

时　代：二里头末—二里岗早期（公元前 1550—前 1450）
尺　寸：全长 80.2 厘米
出土地：辽宁锦州水手营子
夏家店下层文化
菱格纹＋连珠纹

杖首（M43：12）

时　代：二里头时期（公元前 1700—前 1500）
尺　寸：通高 5.4 厘米
出土地：内蒙古敖汉大甸子
夏家店下层文化

有銎斧

时　代：二里头时期（公元前 1700—前 1500）
尺　寸：长 15、宽 3.5 厘米
出土地：甘肃广河齐家坪
齐家晚期文化

（二）西北至北方（续）

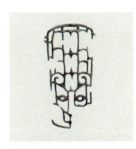

牌饰
时　代：二里头时期（公元前1700—前1500）
出土地：甘肃广河齐家坪
齐家晚期文化

七角星纹镜
时　代：二里头时期（公元前1700—前1500）
尺　寸：直径9厘米
出土地：青海贵南尕马台
齐家晚期文化
七角星＋斜线纹

阔叶倒钩铜矛
时　代：二里头时期（公元前1700—前1500）
尺　寸：长62、宽20厘米
出土地：青海西宁沈那
齐家晚期文化

四羊首权杖头
时　代：二里头时期（公元前1700—前1500）
尺　寸：腹径5、高8.5厘米
出土地：甘肃玉门火烧沟
四坝文化

（二）西北至北方（续）

环首刀
时　代：二里头时期（公元前 1700—前 1500）
尺　寸：长 21.5 厘米
出土地：甘肃酒泉干骨崖
四坝文化

有銎斧
时　代：二里头时期（公元前 1700—前 1500）
尺　寸：长 10.1、刃宽 3.7、銎孔外径 3—4.65 厘米
出土地：甘肃酒泉干骨崖
四坝文化

石权杖头范
时　代：二里头时期（公元前 1700—前 1500）
尺　寸：残高 6.4 厘米
出土地：甘肃张掖西城驿
四坝文化

环首刀
时　代：二里头时期（公元前 1700—前 1500）
尺　寸：长 19.5 厘米
出土地：甘肃张掖西城驿
四坝文化
环端饰鹰首

（二）西北至北方（续）

石镜范

时　代：龙山晚期（公元前 2000—前 1700）
出土地：甘肃张掖西城驿
西城驿 - 齐家冶金共同体

刀

时　代：龙山晚期（公元前 2000—前 1700）
尺　寸：通长 10 厘米
出土地：甘肃武威皇娘娘台
西城驿 - 齐家冶金共同体

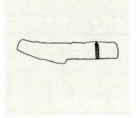

（三）南方地区

四羊方尊
时　代：殷墟（晚商）
尺　寸：边长 54、高 58.3 厘米，重 34.5 千克
出土地：湖南宁乡月山铺
宁乡铜器群文化

象纹兽面纹大铙
时　代：殷墟（晚商）
尺　寸：铣口长 69.5、宽 48、通高 103.5 厘米，
　　　　重 221.5 千克
出土地：湖南宁乡月山铺
宁乡铜器群文化
地产

皿天全方罍
时　代：殷墟（晚商）
尺　寸：通高 84.8、器高 63.6 厘米
出土地：湖南桃源漆家河
宁乡铜器群文化
有铭文。输入

（三）南方地区（续）

大型神树（K2②：94）

时　代：殷墟（晚商）
尺　寸：底座径92.4—93.5、通高386厘米
出土地：四川广汉三星堆
三星堆文化
地产

大型立人像（K2②：149）

时　代：殷墟（晚商）
尺　寸：通高260.8、人像高180厘米
出土地：四川广汉三星堆
三星堆文化
地产

（三）南方地区（续）

乳丁纹虎耳方鼎（XDM：8）
时　代：殷墟（晚商）
尺　寸：口径长58、宽49.3、高97厘米，
　　　　重49千克
出土地：江西新干大洋洲
吴城文化
二里岗末期？

四足甗（XDM：38）
时　代：殷墟（晚商）
尺　寸：径61.2、高105厘米、重78.5千克
出土地：江西新干大洋洲
吴城文化

鼎（PLZM2：36）
时　代：二里岗晚期
尺　寸：口径31.6、高55厘米
出土地：湖北武汉黄陂盘龙城
二里岗文化盘龙城类型

甗（PLZM2：45）
时　代：二里岗晚期
尺　寸：径22、高36厘米、重2.35千克
出土地：湖北武汉黄陂盘龙城
二里岗文化盘龙城类型

（三）南方地区（续）

斝（PYWM6：4）
时　代：二里岗早期
尺　寸：复原径 14、高 21.5 厘米，残重 0.53 千克
出土地：湖北武汉黄陂盘龙城
二里岗文化盘龙城类型

斝（PCY：084）
时　代：二里头 - 二里岗过渡期（公元前 1550—前 1500）
尺　寸：径 14.2、高 23.8 厘米
出土地：湖北武汉黄陂盘龙城

刀？
时　代：龙山时代（公元前 2300 [？]）
尺　寸：残长 6.6 厘米
出土地：湖北天门邓家湾
石家河中期文化

附表二 东亚大陆使用陶器的考古学文化一览（公元前3000—前1200年）

注：□无用陶器存 ▨沿用陶器存 ▨进入青铜时代（?）

截至一行为各地考现代（各单位的可能时间）

注 释

1   中国国家博物馆编:《中华文明——〈古代中国〉陈列文物精萃》,中国社会科学出版社,2010年。

2   李维明:《司母戊鼎还有多少待解之谜》,四川人民出版社,2017年。

3   李阳生等主编:《世界遗产·中国——殷墟》,中国对外翻译出版公司,2008年。

4   《司母戊鼎实重新测定》,《中国文物报》1994年12月18日。

5   董亚巍:《从范铸结构看司母戊鼎的范铸工艺(中)》,《文物鉴定与鉴赏》2012年第11期。

6   王学荣等:《安阳殷墟孝民屯遗址的考古新发现及相关认识》,《考古》2007年第1期。彭安保:《司母戊鼎是最大的青铜器吗?》,《中华遗产》2010年第6期。

7   邹衡:《试论殷墟文化分期》,《北京大学学报(人文科学版)》1964年第4、5期。杜迺松:《司母戊鼎年代问题新探》,《文史哲》1980年第1期。

8   以上关于司母戊大鼎的分析叙述,如无特殊注明,均引自李维明:《司母戊鼎还有多少待解之谜》,四川人民出版社,2017年。

9   [德]雷德侯著,张总等译:《万物:中国艺术中的模件化和规模化生产》,生活·读书·新知三联书店,2005年。

10 许宏:《最早的中国》,科学出版社,2009年。

11 李水城:《西北与中原早期冶铜业的区域特征及交互作用》,《考古学报》2005年第3期。

12 A. H. 丹尼等主编:《中亚文明史·第一卷》,中国对外翻译出版公司、联合国教科文组织,2000年。

13　L. I. 米罗什尼科夫:《附录释本书"中亚"一词的含义》,《中亚文明史·第一卷》,中国对外翻译出版公司、联合国教科文组织,2000年。

14　安志敏:《中亚文明史·第一卷》第七、十三章,中国对外翻译出版公司、联合国教科文组织,2000年。

15　董作宾:《甲骨文分期断代研究例》,《庆祝蔡元培先生六十五岁论文集》,商务印书馆,1933年。

16　北京大学历史系考古教研室商周组:《商周考古》,文物出版社,1979年。范毓周:《关于殷墟文化考古分期的几个问题》,《中原文物》2010年第4期。

17　中国社会科学院考古研究所:《中国考古学·夏商卷》,中国社会科学出版社,2003年。岳洪彬等:《洹北花园庄东地商代遗存的认识》,《2004年安阳殷商文明国际学术研讨会论文集》,社会科学文献出版社,2004年。

18　许宏:《都邑变迁与商代考古学的阶段划分》,《二十一世纪的中国考古学》,文物出版社,2006年。

19　夏商周断代工程专家组:《夏商周断代工程1996—2000年阶段成果报告(简本)》,世界图书出版公司,2000年。

20　许宏:《商文明——中国"原史"与"历史"时代的分界点》,《东方考古》第4集,科学出版社,2008年。

21　因体例与容量限制,本书所引主要考古资料见书后的主要考古资料存目,正文仅加注研究论著。

22　滕铭予:《中国早期铜器有关问题的再探讨》,《北方文物》1989年第2期。

23　刘煜等:《河南新密新砦遗址出土铜器分析》,《南方文物》2016年第4期。

24　孙淑云等:《甘肃早期铜器的发现与冶炼、制造技术的研究》,《文物》1997年第7期。

25　严文明:《论中国的铜石并用时代》,《史前研究》1984年第1期。

26　韩建业:《中国西北地区先秦时期的自然环境与文化发展》,文物出版社,2008年。

27　林梅村:《中国青铜文明起源新探》,《塞伊玛-图尔宾诺文化与史前丝绸之路》,上海古籍出版社,2019年。

28	严文明：《论中国的铜石并用时代》，《史前研究》1984年第1期。
29	安志敏：《试论中国的早期铜器》，《考古》1993年第12期。
30	梅建军：《关于中国冶金起源及早期铜器研究的几个问题》，《吐鲁番学研究》2001年第2期。
31	杨虎：《辽西地区新石器—铜石并用时代考古文化序列与分期》，《文物》1994年第5期。
32	苏秉琦主编：《中国通史·第一卷 序言》，上海人民出版社，1994年。
33	李延祥等：《牛河梁冶铜炉壁残片研究》，《文物》1999年第12期。
34	郭大顺：《赤峰地区早期冶铜考古随想》，《内蒙古文物考古文集》第一辑，中国大百科全书出版社，1994年。
35	杨虎：《敖汉旗西台新石器时代及青铜时代遗址》，《中国考古学年鉴·1988》，文物出版社，1989年。
36	安志敏：《试论中国的早期铜器》，《考古》1993年第12期。
37	北京大学：《国家科技支撑计划项目"中华文明探源工程（二）"——3500BC—1500BC中国文明形成与早期发展阶段的考古学文化谱系年代研究》，中国考古网，2011年11月24日。
38	陈树祥等：《湖北新石器时代遗址出土铜矿石与冶炼遗物初析》，《湖北理工学院学报（人文社会科学版）》2015年第5期。
39	姜旭东等：《屈家岭遗址出土铜矿石标本初步研究》，《江汉考古》2019年第3期。
40	严文明：《论中国的铜石并用时代》，《史前研究》1984年第1期。
41	陈国科：《西城驿-齐家冶金共同体——河西走廊地区早期冶金人群及相关问题初探》，《考古与文物》2017年第5期。
42	北京大学：《国家科技支撑计划项目"中华文明探源工程（二）"——3500BC—1500BC中国文明形成与早期发展阶段的考古学文化谱系年代研究》，中国考古网，2011年11月24日。
43	朱凤瀚：《中国青铜器综论》，上海古籍出版社，2009年。
44	李旻：《重返夏墟：社会记忆与经典的发生》，《考古学报》2017年第3期。

45　黄铭崇：《迈向重器时代——铸铜技术的输入与中国青铜技术的形成》，《"中央研究院"历史语言研究所集刊》第八十五本第四分，2014 年。

46　李经汉：《试论夏家店下层文化的分期和类型》，《中国考古学会第一次年会论文集》，文物出版社，1980 年。郭大顺：《西辽河流域青铜文化研究的新进展》，《中国考古学会第四次年会论文集》，文物出版社，1985 年。

47　徐光冀等：《辽西区古文化（新石器至青铜时代）综论》，《苏秉琦与当代中国考古学》，科学出版社，2001 年。

48　中国社会科学院考古研究所：《中国考古学·夏商卷》，中国社会科学出版社，2003 年。

49　中国社会科学院考古研究所：《二里头（1999～2006）》第七章，文物出版社，2014 年。

50　陈国庆等：《大连地区早期青铜时代考古文化》，《青果集》，知识出版社，1993 年。赵宾福：《中国东北地区夏至战国时期的考古学文化研究》，科学出版社，2009 年。

51　朱永刚：《东北青铜文化的发展阶段与文化区系》，《考古学报》1998 年第 2 期。

52　郭妍利：《商代青铜兵器研究》，社会科学文献出版社，2014 年。

53　中国社会科学院考古研究所：《中国考古学·夏商卷》，中国社会科学出版社，2003 年。井中伟：《早期中国青铜戈·戟研究》，科学出版社，2011 年。

54　赵宾福：《中国东北地区夏至战国时期的考古学文化研究》，科学出版社，2009 年。

55　陈国科等：《西城驿遗址二期遗存文化性质浅析》，《早期丝绸之路暨早期秦文化国际学术研讨会论文集》，文物出版社，2014 年。

56　陈国科：《西城驿-齐家冶金共同体——河西走廊地区早期冶金人群及相关问题初探》，《考古与文物》2017 年第 5 期。

57　李水城：《"过渡类型"遗存与西城驿文化》，《早期丝绸之路暨早期秦文化国际学术研讨会论文集》，文物出版社，2014 年。

58　陈国科：《西城驿-齐家冶金共同体——河西走廊地区早期冶金人群及相关问题初探》，《考古与文物》2017 年第 5 期。

59 张忠培:《齐家文化研究》,《考古学报》1987年第1、2期。

60 滕铭予:《中国早期铜器有关问题的再探讨》,《北方文物》1989年第2期。

61 韩建业:《中国西北地区先秦时期的自然环境与文化发展》,文物出版社,2008年。

62 仇士华:《^{14}C测年与中国考古年代学研究》,中国社会科学出版社,2015年。

63 陈小三:《河西走廊及其邻近地区早期青铜时代遗存研究》,吉林大学博士学位论文,2012年。

64 张雪莲等:《新砦—二里头—二里冈文化考古年代序列的建立与完善》,《考古》2007年第8期。

65 黄铭崇:《迈向重器时代——铸铜技术的输入与中国青铜技术的形成》,《"中央研究院"历史语言研究所集刊》第八十五本第四分,2014年。按目前的认识,仰韶时代属新石器时代晚期,龙山时代属新石器时代末期。详见中国社会科学院考古研究所:《中国考古学·新石器时代卷》,中国社会科学出版社,2010年。

66 李水城:《西北与中原早期冶铜业的区域特征及交互作用》,《考古学报》2005年第3期。

67 梅建军:《中国的早期铜器及其区域特征》,《中国史新论 古代文明的形成分册》,"中央研究院"、联经出版事业股份有限公司,2016年。

68 许宏:《商文明——中国"原史"与"历史"时代的分界点》,《东方考古》第4集,科学出版社,2008年。

69 许宏:《何以中国》,生活·读书·新知三联书店,2014年。

70 刘莉:《中国新石器时代和铜器时代早期礼器的生产》,《桃李成蹊集》,香港中文大学中国考古艺术研究中心,2004年。

71 高炜:《龙山时代的礼制》,《庆祝苏秉琦考古五十五年论文集》,文物出版社,1989年。

72 仇士华:《^{14}C测年与中国考古年代学研究》,中国社会科学出版社,2015年。

73 许宏:《嵩山南北龙山文化向二里头文化演进过程管窥》,《中原地区文明化进程学术研讨会文集》,科学出版社,2006年。

74 许宏：《"新砦文化"研究历程述评》,《三代考古（二）》，科学出版社，2006年。

75 中国社会科学院考古研究所编著，许宏、袁靖主编：《二里头考古六十年》，中国社会科学出版社，2019年。

76 陈国梁：《二里头文化铜器研究》,《中国早期青铜文化》，科学出版社，2008年。

77 李水城：《西北与中原早期冶铜业的区域特征及交互作用》,《考古学报》2005年第3期。

78 朱凤瀚：《中国青铜器综论》，上海古籍出版社，2009年。

79 李志鹏：《二里头文化墓葬研究》,《中国早期青铜文化》，科学出版社，2008年。

80 许宏：《二里头M3及随葬绿松石龙形器的考古背景分析》,《古代文明》第10卷，上海古籍出版社，2016年。

81 许宏等：《二里头遗址文化分期再检讨——以出土铜、玉礼器的墓葬为中心》,《南方文物》2010年第3期。

82 许宏：《最早的中国》，科学出版社，2009年。

83 许宏：《二里头M3及随葬绿松石龙形器的考古背景分析》,《古代文明》第10卷，上海古籍出版社，2016年。

84 许宏：《二里头都邑的两次礼制大变革》,《南方文物》2020年第2期。

85 杨锡璋等：《殷代青铜礼器的分期与组合》,《殷墟青铜器》，文物出版社，1985年。

86 中国社会科学院考古研究所：《中国考古学·夏商卷》，中国社会科学出版社，2003年。

87 高炜：《龙山时代的礼制》,《庆祝苏秉琦考古五十五年论文集》，文物出版社，1989年。

88 李志鹏：《二里头文化墓葬研究》,《中国早期青铜文化》，科学出版社，2008年。

89 许宏：《略论二里头时代》,《2004年安阳殷商文明国际学术研讨会论文集》，社会科学文献出版社，2004年。

90 邹衡：《试论夏文化》,《夏商周考古学论文集》，文物出版社，1980年。张忠培：《客省庄与三里桥文化的单把鬲及其相关问题》,《宿白先生八秩华诞纪念文集》，文物出版社，2002年。

91	许宏:《先秦城邑考古》,金城出版社、西苑出版社,2017年。
92	西江清高等:《从地域间关系看二里头文化期中原王朝的空间结构》,《二里头遗址与二里头文化研究》,科学出版社,2006年。
93	胡保华:《试论中国境内散见夹叶阔叶铜矛的年代、性质与相关问题》,《江汉考古》2015年第6期。
94	许宏:《都邑变迁与商代考古学的阶段划分》,《二十一世纪的中国考古学》,文物出版社,2006年。
95	李维明:《"商"辨》,《叩问三代》,中国社会科学出版社,2014年。
96	松丸道雄:《補説7 殷か商か》,《世界歴史大系・中国史・1》,山川出版社(東京),2003年。
97	许宏:《先秦城邑考古》,金城出版社、西苑出版社,2017年。
98	李维明:《郑州商代(城)遗址分布范围与"二十五平方千米"数值检讨》,《中国文物报》2012年5月11日。
99	朱光华:《早商青铜器分期与区域类型研究》,郑州大学博士学位论文,2005年。
100	夏商周断代工程专家组:《夏商周断代工程1996—2000年阶段成果报告(简本)》,世界图书出版公司,2000年。
101	王立新:《早商文化研究》,高等教育出版社,1998年。
102	河南省文物考古研究所:《郑州商城》,文物出版社,2001年。
103	许宏等:《二里头遗址文化分期再检讨》,《南方文物》2010年第3期。上文曾将其中三座墓葬定为四期早段,根据《二里头》(文物出版社,2014年)的分期方案,调整为四期晚段。赵海涛:《二里头遗址二里头文化四期晚段遗存探析》,《南方文物》2016年第4期。
104	朱凤瀚:《中国青铜器综论》,上海古籍出版社,2009年。
105	陈国梁:《二里头文化铜器研究》,《中国早期青铜文化》,科学出版社,2008年。
106	李朝远:《关于二里头文化的青铜斝》,《二里头遗址与二里头文化研究》,科学出版社,2006年。
107	高江涛:《二里头遗址出土青铜鼎及相关问题探讨》,《夏商都邑与文化(二)》,中国社会科学出版社,2014年。

108 袁广阔等：《早商城市文明的形成与发展》，科学出版社，2017年。

109 宫本一夫：《二里头文化青铜彝器的演变及意义》，《二里头遗址与二里头文化研究》，科学出版社，2006年。

110 其中出土于墓葬75VIKM3的曲内戈和长身战斧，应属二里头文化第四期晚段。从形制、纹饰分析，钺也应属第四期晚段。另一件铜戈系采集品，原报告归入第三期，缺乏层位学和类型学依据。详见许宏等《二里头遗址文化分期再检讨》，《南方文物》2010年第3期。

111 郭妍利：《商代青铜兵器研究》，社会科学文献出版社，2014年。

112 器物件数如无特别注明，均为1件，下同。

113 徐昭峰：《试论郑州地区的筒腹鬲》，《中国国家博物馆馆刊》2014年第3期。

114 朱凤瀚：《中国青铜器综论》，上海古籍出版社，2009年。

115 李朝远：《关于二里头文化的青铜斝》，《二里头遗址与二里头文化研究》，科学出版社，2006年。

116 李朝远：《关于二里头文化的青铜斝》，《二里头遗址与二里头文化研究》，科学出版社，2006年。程露：《也谈肥西大墩孜出土的青铜斝和铃》，《东方博物》第五十二辑，中国书店，2014年。

117 许宏：《先秦城邑考古》，金城出版社、西苑出版社，2017年。下引郑州城聚落演变梳理均出自此书，不另注明。

118 朱凤瀚：《中国青铜器综论》，上海古籍出版社，2009年。

119 夏商周断代工程专家组：《夏商周断代工程1996—2000年阶段成果报告（简本）》，世界图书出版公司，2000年。

120 邹衡：《试论夏文化》，《夏商周考古学论文集》，文物出版社，1980年。

121 张昌平：《盘龙城的性质——一个学术史的回顾》，《商代盘龙城学术研讨会论文集》，科学出版社，2014年。

122 朱凤瀚：《中国青铜器综论》，上海古籍出版社，2009年。

123 王炜：《郑州商城铜器墓研究》，《中国国家博物馆馆刊》2013年第9期。

124 王立新：《早商文化研究》，高等教育出版社，1998年。

125 杜金鹏：《读〈偃师二里头〉》，《考古》2000年第8期。

126 李朝远:《关于二里头文化的青铜斝》,《二里头遗址与二里头文化研究》,科学出版社,2006年。

127 中国历史博物馆考古部等:《垣曲商城》,科学出版社,1996年。

128 朱凤瀚:《中国青铜器综论》,上海古籍出版社,2009年。

129 张昌平:《盘龙城的性质——一个学术史的回顾》,《商代盘龙城学术研讨会论文集》,科学出版社,2014年。

130 南普恒等:《湖北盘龙城出土部分商代青铜器铸造地的分析》,《文物》2008年第8期;刘瑞良等:《共性、差异与解读:运用牛津研究体系研究早商郑州与盘龙城之间的金属交流》,《江汉考古》2017年第3期。

131 河南省文物考古研究院编:《郑州商城遗址考古研究》,大象出版社,2015年。

132 李维明:《郑州青铜文化研究》,科学出版社,2013年。

133 朱凤瀚:《中国青铜器综论》,上海古籍出版社,2009年。

134 朱凤瀚:《中国青铜器综论》,上海古籍出版社,2009年。

135 曹玮主编:《汉中出土商代青铜器·第一卷》前言,巴蜀书社,2006年。

136 孙卓:《南土经略的转折——商时期中原文化势力从南方的消退》,科学出版社,2019年。

137 朱凤瀚:《中国青铜器综论》,上海古籍出版社,2009年。

138 孙华:《夏商周考古》,《中国考古学年鉴·1991》,文物出版社,1992年。

139 王乐文:《朱开沟遗址出土遗存分析》,《北方文物》2004年第3期。王乐文:《论朱开沟遗址出土的两类遗存》,《边疆考古研究》第3辑,科学出版社,2004年。

140 王立新:《试论长城地带中段青铜时代文化的发展》,《庆祝张忠培先生七十岁论文集》,科学出版社,2004年。

141 李水城等:《四坝文化铜器研究》,《文物》2000年第3期。

142 梅建军等:《塞伊玛-图比诺现象和中国西北地区的早期青铜文化》,《新疆文物》2003年第1期。李水城:《西北与中原早期冶铜业的区域特征及交互作用》,《考古学报》2005年第3期。韩建业:《齐家文化的发展演变:文化互动与欧亚背景》,《文物》2019年第7期。

143 陈国科：《西城驿－齐家冶金共同体——河西走廊地区早期冶金人群及相关问题初探》，《考古与文物》2017年第5期。

144 三宅俊彦：《卡约文化青铜器初步研究》，《考古》2005年第5期。张文立：《也谈卡约文化青铜器的分期问题》，《边疆考古研究》第20辑，科学出版社，2016年。

145 陈平：《夏家店下层文化研究综述》，《北京文物与考古》第五辑，北京燕山出版社，2002年。

146 李经汉：《试论夏家店下层文化的分期和类型》，《中国考古学会第一次年会论文集1979》，文物出版社，1980年。

147 张家口考古队：《蔚县考古纪略》，《考古与文物》1982年第4期。张家口考古队：《蔚县夏商时期考古的主要收获》，《考古与文物》1984年第1期。李伯谦：《论夏家店下层文化》，《纪念北京大学考古专业三十周年论文集》，文物出版社，1990年。蒋刚：《燕山南麓夏至早商时期考古学文化编年谱系与文化格局》，《公元前2千纪的晋陕高原与燕山南北》，科学出版社，2008年。

148 李伯谦：《论夏家店下层文化》，《纪念北京大学考古专业三十周年论文集》，文物出版社，1990年。张渭莲等：《中原与北方之间的文化走廊》，文物出版社，2015年。蒋刚：《燕山南麓夏至早商时期考古学文化编年谱系与文化格局》，《公元前2千纪的晋陕高原与燕山南北》，科学出版社，2008年。张家口考古队：《蔚县考古纪略》，《考古与文物》1982年第4期。张家口考古队：《蔚县夏商时期考古的主要收获》，《考古与文物》1984年第1期。

149 井中伟：《水手营子青铜连柄戈的年代与属性》，《边疆考古研究》第7辑，科学出版社，2008年。

150 杨建华、邵会秋等：《欧亚草原东部的金属之路：丝绸之路与匈奴联盟的孕育过程》，上海古籍出版社，2017年。

151 赵宾福：《中国东北地区夏至战国时期的考古学文化研究》，科学出版社，2009年。

152 赵宾福：《中国东北地区夏至战国时期的考古学文化研究》，科学出版社，2009年。

153 井中伟等:《夏商周考古学》,科学出版社,2013年。

154 赵宾福:《中国东北地区夏至战国时期的考古学文化研究》,科学出版社,2009年。

155 井中伟等:《夏商周考古学》,科学出版社,2013年。

156 赵宾福:《东北青铜时代考古学文化谱系格局的研究》,《边疆考古研究》第12辑,科学出版社,2012年。

157 赵宾福:《中国东北地区夏至战国时期的考古学文化研究》,科学出版社,2009年。

158 张忠培:《序》,《中国东北地区夏至战国时期的考古学文化研究》,科学出版社,2009年。

159 许宏:《关于石峁遗存年代等问题的学术史观察》,《中原文物》2019年第1期。

160 赵宾福:《中国东北地区夏至战国时期的考古学文化研究》,科学出版社,2009年。

161 赵宾福:《古城类型:嫩江流域商代晚期遗存辨识》,《新果集》,科学出版社,2009年。

162 宋玉彬:《图们江流域青铜时代的几个问题》,《北方文物》2002年第4期。李伊萍:《黑龙江东部地区青铜时代遗存初识》,《边疆考古研究》第2辑,科学出版社,2004年。

163 王承礼等:《东北考古的主要收获》,《东北考古与历史(丛刊)》第一辑,文物出版社,1982年。

164 赵宾福:《图们江流域的青铜时代文化研究》,《考古》2008年第6期。

165 赵宾福:《中国东北地区夏至战国时期的考古学文化研究》,科学出版社,2009年。井中伟等:《夏商周考古学》,科学出版社,2013年。

166 王承礼等:《东北考古的主要收获》,《东北考古与历史(丛刊)》第一辑,文物出版社,1982年。

167 黄万里:《黄万里文集》,黄万里文集编辑小组,2001年。

168 张渭莲等:《中原与北方之间的文化走廊》,文物出版社,2015年。

169 杨建华等主编:《公元前2千纪的晋陕高原与燕山南北》,科学出版社,

2008 年。

170　张渭莲等:《中原与北方之间的文化走廊》,文物出版社,2015 年。

171　徐基:《夏时期岳石文化的铜器补遗》,《中原文物》2007 年第 5 期。

172　毕经纬:《问道于器:海岱地区商周青铜器研究》,上海古籍出版社,2019 年。

173　向桃初:《湘江流域商周青铜文化研究》,线装书局,2008 年。

174　李宏飞等:《小双桥遗址的商与夷》,中国社会科学出版社,2018 年。

175　高至喜:《论中国南方出土的商代青铜器》,《中国考古学会第七次年会论文集》,文物出版社,1992 年。向桃初:《湘江流域商周青铜文化研究》,线装书局,2008 年。

176　朱凤瀚:《中国青铜器综论》,上海古籍出版社,2009 年。

177　刘莉等:《中国早期国家的形成——从二里头和二里岗时期的中心和边缘之间的关系谈起》,《古代文明》第 1 卷,文物出版社,2002 年。

178　孙华:《四川盆地的青铜时代》,科学出版社,2000 年。

179　中国社会科学院考古研究所:《中国考古学·夏商卷》,中国社会科学出版社,2003 年。

180　孙华等:《神秘的王国:对三星堆文明的初步理解和解释》,巴蜀书社,2003 年。

181　中国社会科学院考古研究所:《中国考古学·夏商卷》,中国社会科学出版社,2003 年。

182　陈小三:《试论镶嵌绿松石牌饰的起源》,《考古与文物》2013 年第 5 期。

183　施劲松:《三星堆文化的再思考》,《四川文物》2017 年第 4 期。

184　邓淑苹:《万邦玉帛——夏王朝的文化底蕴》,《夏商都邑与文化(二)》,中国社会科学出版社,2014 年。

185　施劲松:《川西石棺墓中的铁器》,《南方民族考古》第 10 辑,科学出版社,2014 年。

186　石兴邦:《中国大百科全书·考古学》"青铜时代"条,中国大百科全书出版社,1986 年。

187　张光直:《中国青铜时代》,生活·读书·新知三联书店,2013 年。

188 蒋晓春:《中国青铜时代起始时间考》,《考古》2010年第6期。

189 井中伟等:《夏商周考古学》,科学出版社,2013年。

190 李先登:《试论中国古代青铜器的起源》,《史学月刊》1984年第1期。陈戈等:《齐家文化应属青铜时代》,《考古与文物》1990年第3期。

191 张光直:《中国青铜时代》,生活·读书·新知三联书店,1983年。严文明:《论中国的铜石并用时代》,《史前研究》1984年第1期。石兴邦:《中国大百科全书·考古学》"青铜时代"条,中国大百科全书出版社,1986年。

192 白云翔:《中国的早期铜器与青铜器的起源》,《东南文化》2002年第5期。

193 韩建业:《中国西北地区先秦时期的自然环境与文化发展》,文物出版社,2008年。韩建业:《略论中国的"青铜时代革命"》,《西域研究》2012年第3期。

194 陈国科等:《张掖西城驿遗址出土铜器的初步研究》,《考古与文物》2015年第2期。

195 张忠培:《齐家文化研究(下)》,《考古学报》1987年第2期。

196 仇士华:《^{14}C测年与中国考古年代学研究》图5-4,中国社会科学出版社,2015年。

197 李伊萍:《黑龙江东部地区青铜时代遗存初识》,《边疆考古研究》第2辑,科学出版社,2004年。

198 宋玉彬:《图们江流域青铜时代的几个问题》,《北方文物》2002年第4期。

199 朱永刚等:《吉林省青铜时代考古发现与区系研究》,《边疆考古研究》第17辑,科学出版社,2015年。

200 黑龙江省文物考古研究所:《考古·黑龙江》,文物出版社,2011年。

201 井中伟等:《夏商周考古学》,科学出版社,2013年。

202 许宏:《论"青铜时代"概念的时空适用性——以中国东北地区为例》,《聚才揽粹著新篇:孟凡人先生八秩华诞颂寿文集》,科学出版社,2019年。

203 严文明:《论中国的铜石并用时代》,《史前研究》1984年第1期。

204 任式楠:《中国史前铜器综论》,《中国史前考古学研究》,三秦出版社,2003年。

205 张江凯等:《新石器时代考古》,文物出版社,2004年。

206 李伯谦主编:《青铜器与中国青铜时代》,中国科学技术大学出版社,2018年。

207 李亮等主编：《铜与古代科技》，中国科学技术大学出版社，2018年。

208 苏秉琦主编：《中国通史·第二卷 远古时代》，上海人民出版社，1994年。

209 韩建业：《中国西北地区先秦时期的自然环境与文化发展》，文物出版社，2008年。

210 石兴邦：《中国大百科全书·考古学》"青铜时代"条，中国大百科全书出版社，1986年。张海等：《史前青铜冶铸业与中原早期国家形成的关系》，《中原文物》2013年第1期。

211 易华：《从齐家到二里头：夏文化探索》，《夏商都邑与文化（一）》，中国社会科学出版社，2014年。

212 严文明：《论中国的铜石并用时代》，《史前研究》1984年第1期。

213 任式楠：《中国史前铜器综论》，《中国史前考古学研究》，三秦出版社，2003年。

214 黄铭崇：《迈向重器时代——铸铜技术的输入与中国青铜技术的形成》，《"中央研究院"历史语言研究所集刊》第八十五本第四分，2014年。

215 童恩正：《试论我国从东北至西南的边地半月形文化传播地带》，《文物与考古论集》，文物出版社，1987年。

216 Jessica Rawson："Miniature bronzes from Western Zhou tombs at Baoji in Shaanxi province"（《陕西宝鸡西周墓出土的微型青铜器》），《金玉交辉——商周考古、艺术与文化论文集》，"中央研究院"历史语言研究所，2013年。

217 刘歆益：《沟通东西方的"中国弧"》，《人民日报》2017年6月13日。

218 ［日］宫本一夫著，吴菲译：《从神话到历史：神话时代、夏王朝》，广西师范大学出版社，2014年。

219 张弛：《龙山—二里头——中国史前文化格局的改变与青铜时代全球化的形成》，《文物》2017年第6期。

220 科林·伦福儒：《考古有何新成就》，《信使》（联合国教科文组织）总第63期，1985年。

221 王青：《镶嵌铜牌饰的初步研究》，《文物》2004年第5期。王青等：《国外所藏五件镶嵌铜牌的初步认识》，《华夏考古》2007年第1期。

222 杜金鹏等主编：《二里头遗址与二里头文化研究》，科学出版社，2006年。冯时:《二里头文化"常爵"及相关诸问题》,《考古学集刊》第17集,科学出版社,2010年。

223 王青:《镶嵌铜牌饰所见中国早期文明进程问题》,《东方考古》第1集,科学出版社,2004年。陈国梁:《二里头文化嵌绿松石牌饰的来源》,《三代考古（七）》,科学出版社,2017年。

224 李学勤:《良渚文化玉器与饕餮纹的演变》,《东南文化》1991年第5期。

225 刘学堂:《中国早期青铜文化的起源及其相关问题新探》,《藏学研究》第3辑,四川大学出版社,2007年。陈小三:《试论镶嵌绿松石牌饰的起源》,《考古与文物》2013年第5期。

226 吴晓筠:《商周时期铜镜的出现与使用》,《故宫学术季刊》2017年第2期。

227 陈国科:《西城驿-齐家冶金共同体——河西走廊地区早期冶金人群及相关问题初探》,《考古与文物》2017年第5期。

228 贺俊:《试论二里头文化的铜圆形器》,《文物春秋》2018年第5期。

229 林沄:《商文化青铜器与北方地区青铜器关系之再研究》,《考古学文化论集（一）》,文物出版社,1987年。

230 李学勤:《中国铜镜的起源及传播》《续论中国铜镜的传播》,《比较考古学随笔》,广西师范大学出版社,1997年。宋新潮:《中国早期铜镜及其相关问题》,《考古学报》1997年第2期。

231 李水城:《西北与中原早期冶铜业的区域特征及交互作用》,《考古学报》2005年第3期。

232 刘学堂:《论中国早期铜镜源于西域》,《新疆师范大学学报（哲学社会科学版）》1999年第3期。

233 [俄]库兹米娜著,[美]梅维恒英文编译,李春长译:《丝绸之路史前史》,科学出版社,2015年。邵会秋:《新疆地区安德罗诺沃文化相关遗存探析》,《边疆考古研究》第8辑,2009年。吴晓筠:《商周时期铜镜的出现与使用》,《故宫学术季刊》2017年第2期。

234 巴克特里亚-马尔吉阿纳文明体（Bactria-Margiana Archaeological Complex,约公元前2000—前1800年）。[美]胡博著,李永迪译:《齐家与二里头:远距离文化互动的讨论》,《远方的时习——〈古代中国〉精选集》,上海古籍出版社,2008年。

235 中国社会科学院考古研究所:《中国社会科学院考古研究所考古博物馆洛阳分馆》,文化艺术出版社,1998年。

236 贺俊:《试论二里头文化的铜圆形器》,《文物春秋》2018年第5期。

237 杨锡璋等:《商代的青铜钺》,《中国考古学研究》,文物出版社,1986年。

238 杨泓:《商代的兵器与战车》,《中国商文化国际学术讨论会论文集》,中国大百科全书出版社,1998年。

239 林沄:《说戚、我》,《古文字研究》第十七辑,中华书局,1989年。

240 林沄:《早期北方系青铜器的几个年代问题》,《内蒙古文物考古文集》第一辑,中国大百科全书出版社,1994年。

241 刘一曼:《殷墟青铜刀》,《考古》1993年第2期。

242 林沄:《早期北方系青铜器的几个年代问题》,《内蒙古文物考古文集》第一辑,中国大百科全书出版社,1994年。

243 吕学明:《中国北方地区出土的先秦时期铜刀研究》,科学出版社,2010年。

244 李刚:《中国北方青铜器的欧亚草原文化因素》,文物出版社,2011年。

245 陈国科:《甘肃早期单刃铜刀初步研究》,《南方文物》2017年第2期。

246 乔梁:《美玉与黄金——中国古代农耕与畜牧集团在首饰材料选取中的差异》,《考古与文物》2007年第5期。

247 林沄:《夏代的中国北方系青铜器》,《边疆考古研究》第1辑,科学出版社,2002年。党郁:《北方长城沿线地带金属耳饰初探》,《草原文物》2018年第1期。

248 黄方悦:《中国早期臂钏研究》,《地方文化研究》2018年第3期。

249 乔梁:《美玉与黄金——中国古代农耕与畜牧集团在首饰材料选取中的差异》,《考古与文物》2007年第5期。

250 《中国文物精华》编辑委员会编:《中国文物精华》,文物出版社,1997年。

251 胡保华:《试论中国境内散见夹叶阔叶铜矛的年代、性质与相关问题》,《江汉考古》2015年第6期。

252 林梅村主编:《塞伊玛 - 图尔宾诺文化与史前丝绸之路》,上海古籍出版社,2019 年。

253 胡保华:《试论中国境内散见夹叶阔叶铜矛的年代、性质与相关问题》,《江汉考古》2015 年第 6 期。

254 [俄] E. H. 切尔内赫等著,王博等译:《欧亚大陆北部的古代冶金——塞伊玛 - 图尔宾诺现象》,中华书局,2010 年。林梅村:《塞伊玛 - 图尔宾诺文化与史前丝绸之路》,《文物》2015 年第 10 期。

255 王振:《从齐家文化铜器分析看中国铜器的起源与发展》,《西部考古》第 3 辑,三秦出版社,2008 年。

256 胡保华:《试论中国境内散见夹叶阔叶铜矛的年代、性质与相关问题》,《江汉考古》2015 年第 6 期。

257 杨琳等:《中国古代权杖头渊源与演变研究》,《考古与文物》2017 年第 3 期。

258 李水城:《赤峰及周边地区考古所见权杖头及潜在意义》,《庆祝宿白先生九十华诞文集》,科学出版社,2012 年。李水城:《权杖头:古丝绸之路早期文化交流的重要见证》,《正业居学:李水城考古文化论集》,上海古籍出版社,2017 年。

259 李水城:《赤峰及周边地区考古所见权杖头及潜在意义》,《庆祝宿白先生九十华诞文集》,科学出版社,2012 年。

260 杨琳等:《中国古代权杖头渊源与演变研究》,《考古与文物》2017 年第 3 期。

261 杨琳等:《中国古代权杖头渊源与演变研究》,《考古与文物》2017 年第 3 期。

主要考古资料存目

（原则上按地域集中编排，其下以首次引用先后为序）

西北至北方

北京钢铁学院冶金史组：《中国早期铜器的初步研究》，《考古学报》1981年第3期。

孙淑云等：《甘肃早期铜器的发现与冶炼、制造技术的研究》，《文物》1997年第7期。

甘肃省文物工作队等：《甘肃东乡林家遗址发掘报告》，《考古学集刊》第4集，中国社会科学出版社，1984年。

甘肃省博物馆：《甘肃省文物考古工作三十年》，《文物考古工作三十年》，文物出版社，1979年。

内蒙古文物考古研究所：《准格尔旗二里半遗址第一次发掘简报》，《内蒙古考古文物论集》，中国大百科全书出版社，1994年。

河北省考古研究所：《河北怀来官庄遗址发掘报告》，《河北省考古文集（二）》，北京燕山出版社，2001年。

甘肃省文物考古研究所等：《河西走廊史前考古调查报告》，文物出版社，2011年。

甘肃省文物考古研究所等：《甘肃张掖市西城驿遗址》，《考古》2014年第7期。

陈国科：《张掖西城驿遗址出土铜器的初步研究》，《考古与文物》2015年第2期。

李延祥等：《敦煌西土沟遗址冶金遗物研究》，《敦煌研究》2018年第2期。

甘肃省博物馆：《武威皇娘娘台遗址发掘报告》，《考古学报》1960年第2期。

甘肃省博物馆：《武威皇娘娘台遗址第四次发掘》，《考古学报》1978年第4期。

钱耀鹏等：《甘肃临潭磨沟齐家文化墓地发掘及主要收获》，《西北大学学报（哲学社会科学版）》2009年第5期。

北京科技大学冶金与材料史研究所等：《火烧沟四坝文化铜器成分分析及制作技术

的研究》，《文物》2003 年第 8 期。

甘肃省文物考古研究所等：《酒泉干骨崖》，文物出版社，2016 年。

甘肃省文物考古研究所等：《民乐东灰山考古》，科学出版社，1998 年。

安志敏：《甘肃山丹四坝滩新石器时代遗址》，《考古学报》1959 年第 3 期。

中国科学院考古研究所甘肃工作队：《甘肃永靖大何庄遗址发掘报告》，《考古学报》1974 年第 2 期。

甘肃省博物馆：《丝绸之路甘肃文物精华》，甘肃省博物馆，1994 年。

张天恩：《天水出土的兽面铜牌饰及有关问题》，《中原文物》2002 年第 1 期。

青海省文物管理处等：《青海同德县宗日遗址发掘简报》，《考古》1998 年第 5 期。

徐建炜等：《青海同德宗日遗址出土铜器的初步科学分析》，《西域研究》2010 年第 2 期。

丁国诺：《西宁市沈那齐家文化遗址》，《中国考古学年鉴·1993》，文物出版社，1995 年。

青海省文物考古研究所等：《贵南尕马台》，科学出版社，2016 年。

青海省文物考古队：《青海互助土族自治县总寨马厂、齐家、辛店文化墓葬》，《考古》1986 年第 4 期。

赵生琛：《青海西宁发现卡约文化铜鬲》，《考古》1985 年第 7 期。

内蒙古自治区文物考古研究所等：《朱开沟》，文物出版社，2000 年。

陕西省考古研究院等：《陕西神木县石峁城址皇城台地点》，《考古》2017 年第 7 期。

孙周勇等：《石峁遗址：2016 年考古纪事》，《中国文物报》2017 年 6 月 30 日。

神木市石峁文化研究会编：《石峁玉器》，文物出版社，2018 年。

王永刚等：《陕西甘泉县出土晚商青铜器》，《考古与文物》2007 年第 3 期。

吉林大学边疆考古研究中心等：《忻州游邀考古》，科学出版社，2004 年。

燕山至东北

北京大学历史系考古教研室商周组：《商周考古》，文物出版社，1979 年。

北京市文物研究所等：《昌平张营》，文物出版社，2007 年。

北京市文物研究所：《镇江营与塔照》，中国大百科全书出版社，1999 年。

北京市文物管理处等:《北京琉璃河夏家店下层文化墓葬》,《考古》1976年第1期。

天津市文物管理处考古队:《天津蓟县围坊遗址发掘报告》,《考古》1983年第10期。

天津市文物管理处:《天津蓟县张家园遗址试掘简报》,《文物资料丛刊(1)》,文物出版社,1977年。

天津历史博物馆考古队:《天津蓟县张家园遗址第三次发掘》,《考古》1993年第4期。

河北省文物管理委员会:《河北唐山大城山遗址发掘报告》,《考古学报》1959年第3期。

河北省文物研究所:《唐山市古冶商代遗址》,《考古》1984年第9期。

天津市文化局考古发掘队:《河北大厂回族自治县大坨头遗址试掘简报》,《考古》1966年第1期。

张渭莲等:《中原与北方之间的文化走廊》,文物出版社,2015年。

河北省考古研究所:《河北怀来官庄遗址发掘报告》,《河北省考古文集(二)》,北京燕山出版社,2001年。

张家口考古队:《蔚县考古纪略》,《考古与文物》1982年第4期。

张家口考古队:《蔚县夏商时期考古的主要收获》,《考古与文物》1984年第1期。

河北省文物研究所:《河北滦南县东庄店遗址调查》,《考古》1983年第9期。

河北省文物研究所:《唐山市古冶商代遗址》,《考古》1984年第9期。

廊坊市文物管理所等:《河北香河县庆功台村夏家店下层文化墓葬》,《文物春秋》1996年第6期。

张家口市文物事业管理所等:《河北宣化李大人庄遗址试掘报告》,《考古》1990年第5期。

杨虎等:《内蒙古敖汉旗红山文化西台类型遗址简述》,《北方文物》2010年第3期。

中国社会科学院考古研究所:《大甸子》,科学出版社,1996年。

中国社会科学院考古研究所内蒙古工作队:《赤峰药王庙、夏家店遗址试掘简报》,《考古学报》1974年第1期。

郝维彬:《内蒙古库伦旗南泡子崖夏家店下层文化遗址调查简报》,《北方文物》1996年第3期。

内蒙古自治区文物工作队:《内蒙古宁城县小榆树林子遗址试掘简报》,《考古》1965年第12期。

辽宁省博物馆等:《内蒙古赤峰县四分地东山咀遗址试掘简报》,《考古》1983年第5期。

辽宁省文物考古研究所:《辽宁北票市康家屯城址发掘简报》,《考古》2001年第8期。

辽宁省文物考古研究所:《辽宁近十年来文物考古新发现》,《文物考古工作十年(1979—1989)》,文物出版社,1991年。

辽宁省文物考古研究所:《朝阳罗锅地夏家店下层文化遗址发掘报告》,《辽宁省道路建设考古报告集》,辽宁民族出版社,2004年。

辽宁省文物考古研究所:《牛河梁红山文化遗址发掘报告》,文物出版社,2012年。

辽宁省文物考古研究所等:《辽宁阜新平顶山石城址发掘报告》,《考古》1992年第5期。

辽宁省文物考古研究所等:《辽宁彰武平安堡遗址》,《考古学报》1992年第4期。

齐亚珍等:《锦县水手营子早期青铜时代墓葬》,《辽海文物学刊》1991年第1期。

大连市文物考古研究所:《大嘴子》,大连出版社,2000年。

赵宾福等:《吉林省地下文化遗产的考古发现与研究》,科学出版社,2017年。

黑龙江省文物考古研究所:《考古·黑龙江》,文物出版社,2011年。

黑龙江省文物考古研究所等:《黑龙江肇源县小拉哈遗址发掘报告》,《考古学报》1998年第1期。

黑龙江省文物考古研究所等:《肇源白金宝》,科学出版社,2009年。

中原及左近

西安半坡博物馆等:《姜寨》,文物出版社,1988年。

西安半坡博物馆等:《渭南北刘遗址第二、三次发掘简报》,《史前研究》1986年第1、2期合刊。

和岛誠一:《山西榆次源涡镇遺跡出土の銅渣について》,《資源科学研究所彙報》第58、59号,1962年。

王建平等:《山西周家庄遗址出土龙山时期铜片的初步研究》,《中国国家博物馆馆刊》2013年第8期。

山西省考古研究所:《塔尔山南麓古遗址调查简报》,《文物季刊》1992年第3期。

解希恭主编：《襄汾陶寺遗址研究》，科学出版社，2007年。

中国社会科学院考古研究所等：《襄汾陶寺》，文物出版社，2015年。

中国社会科学院考古研究所等：《中国陶寺遗址出土文物集萃》，天津古籍出版社，2018年。

李京华：《关于中原地区早期冶铜技术及相关问题的几点看法》，《文物》1985年第12期。

河南省文物研究所等：《登封王城岗与阳城》，文物出版社，1992年。

中国社会科学院考古研究所河南二队：《河南临汝煤山遗址发掘报告》，《考古学报》1982年第4期。

河南省文物考古研究所等：《河南新密市古城寨龙山文化城址发掘简报》，《华夏考古》2002年第2期。

北京大学震旦古代文明研究中心等：《新密新砦》，文物出版社，2008年。

刘煜等：《河南新密新砦遗址出土铜器分析》，《南方文物》2016年第4期。

《河南出土商周青铜器》编辑组编：《河南出土商周青铜器（一）》，文物出版社，1981年。

《中国青铜器全集》编辑委员会：《中国青铜器全集·夏商1》，文物出版社，1996年。

中国社会科学院考古研究所：《偃师二里头》，中国大百科全书出版社，1999年。

杜金鹏等主编：《偃师二里头遗址研究》，科学出版社，2005年。

中国社会科学院考古研究所：《二里头（1999—2006）》，文物出版社，2014年。

中国社会科学院考古研究所：《二里头考古六十年》，中国社会科学出版社，2019年。

郑州大学历史文化遗产保护研究中心：《登封南洼》，科学出版社，2014年。

河南省文物考古研究所：《郾城郝家台》，大象出版社，2012年。

河南省文物研究所等：《淅川下王冈》，文物出版社，1989年。

中国社会科学院考古研究所：《淅川下王岗》，科学出版社，2020年。

北京大学历史系洛阳考古实习队：《河南偃师伊河南岸考古调查试掘报告》，《考古》1964年第11期。

考古研究所洛阳发掘队：《1958年洛阳东干沟遗址发掘简报》，《考古》1959年第10期。

中国社会科学院考古研究所：《洛阳发掘报告》，北京燕山出版社，1989年。

郑州市文物考古研究所：《郑州大师姑（2002-2003）》，科学出版社，2004年。

河南省文物研究所：《河南荥阳竖河遗址发掘报告》，《考古学集刊》第10集，地质出版社，1996年。

河南省文物研究所：《郑州洛达庙遗址发掘报告》，《华夏考古》1989年第4期。

高赞岭：《郑州航空港区银河办事处夏商遗址》，《中国考古学年鉴·2013》，文物出版社，2014年。

北京大学考古文博学院：《河南新密曲梁遗址1988年春发掘报告》，《考古学报》2003年第1期。

张小虎：《尉氏县新庄二里头文化遗址》，《中国考古学年鉴·2014》，中国社会科学出版社，2015年。

北京大学考古学系等：《河南方城县八里桥遗址1994年春发掘简报》，《考古》1999年第12期。

北京大学考古学系等：《驻马店杨庄》，科学出版社，1998年。

河南省文物研究所：《陕县西崖村遗址的发掘》，《华夏考古》1989年第1期。

洛阳市文物工作队等：《河南新安县太涧遗址发掘简报》，《考古与文物》1998年第1期。

天津市文化局文物组：《天津市新收集的商周青铜器》，《文物》1964年第9期。

李学勤：《从传出商丘地区的二里头文化铜爵谈起》，《商丘师专学报》1987年第2期。

新郑文化馆：《河南新郑县望京楼出土的铜器和玉器》，《考古》1981年第6期。

郑州市文物考古研究院：《新郑望京楼》，科学出版社，2016年。

河南省文物考古研究所：《郑州商城》，文物出版社，2001年。

河南省文物研究所：《郑州商城考古新发现与研究》，中州古籍出版社，1993年。

河南省文物考古研究所等：《郑州商代铜器窖藏》，科学出版社，1999年。

河南省文物考古研究所：《郑州商城外郭城的调查与试掘》，《考古》2004年第3期。

河南省文物考古研究所：《郑州商城新发现的几座商墓》，《文物》2003年第4期。

郑州市博物馆：《河南荥阳西史村遗址试掘简报》，《文物资料丛刊（5）》，文物出版社，1981年。

陈立信等:《荥阳县高村寺商代遗址调查简报》,《华夏考古》1991年第3期。

中国社会科学院考古研究所:《偃师商城·第一卷》,科学出版社,2013年。

杜金鹏等主编:《偃师商城遗址研究》,科学出版社,2004年。

河南省文物考古研究所:《郑州小双桥》,科学出版社,2012年。

李素婷:《郑州市小双桥商代遗址》,《中国考古学年鉴·2015》,中国社会科学出版社,2016年。

赵新来:《中牟县黄店、大庄发现商代铜器》,《文物》1980年第12期。

河南省文物研究所:《许昌县大路陈村发现商代墓》,《华夏考古》1988年第1期。

马金:《焦作南朱村发现商代墓》,《华夏考古》1988年第1期。

武陟县文化馆:《河南武陟县宁郭公社大驾大队商墓出土青铜器》,《河南文博通讯》1980年第3期。

临汝县文化馆:《河南临汝县李楼出土商代青铜器》,《考古》1983年第9期。

孟新安:《郾城县出土一批商代青铜器》,《考古》1987年第8期。

朱帜:《北舞渡商代铜鬲》,《考古》1983年第9期。

中国历史博物馆考古部等:《垣曲商城》,科学出版社,1996年。

中国历史博物馆考古部等:《垣曲商城(二)》,科学出版社,2014年。

中国国家博物馆考古部:《垣曲盆地聚落考古研究》,科学出版社,2007年。

卫斯:《平陆县前庄商代遗址出土文物》,《文物季刊》1992年第1期。

陶正刚:《山西平陆前庄商代遗址及青铜方鼎铸造的研究》,《2004年安阳殷商文明国际学术研讨会论文集》,社会科学文献出版社,2005年。

中国社会科学院考古研究所等:《夏县东下冯》,文物出版社,1988年。

北京大学历史系考古专业山西实习组等:《翼城、曲沃考古勘察记》,《考古学研究(一)》,文物出版社,1992年。

北京大学考古教研室华县报告编写组:《华县、渭南古代遗址调查与试掘》,《考古学报》1980年第3期。

陕西省考古研究院等:《商洛东龙山》,科学出版社,2011年。

陕西省考古研究所等编:《陕西出土商周青铜器·一》,文物出版社,1979年。

卢建国:《陕西铜川发现商周青铜器》,《考古》1982年第1期。

王光永：《陕西岐山县发现商代铜器》，《文物》1977年第12期。
西北大学文博学院等编：《城洋青铜器》，科学出版社，2006年。
曹玮主编：《汉中出土商代青铜器·第一卷》，巴蜀书社，2006年。

大黄河三角洲

拒马河考古队：《河北易县涞水古遗址试掘报告》，《考古学报》1988年第4期。
河北省文物研究所等：《河北定州市尧方头遗址发掘简报》，《考古》2004年第9期。
河北省文物考古研究所等：《河北省任邱市哑叭庄遗址发掘报告》，《文物春秋》1992年增刊。
德海等：《来函更正（〈河北邯郸涧沟村古遗址发掘简报〉增补）》，《考古》1962年第12期。
河北省文物研究所等：《河北邯郸市峰峰矿区北羊台遗址发掘简报》，《考古》2001年第2期。
河北省文物研究所：《藁城台西商代遗址》，文物出版社，1985年。
河北省文物管理处：《磁县下七垣遗址发掘报告》，《考古学报》1979年第2期。
河南省文物研究所等：《河南淮阳平粮台龙山文化城址试掘简报》，《文物》1983年第3期。
河南省文物考古研究所：《辉县孟庄》，中州古籍出版社，2003年。
中国科学院考古研究所：《辉县发掘报告》，科学出版社，1956年。
中国社会科学院考古研究所：《殷墟发掘报告（1958-1961）》，文物出版社，1987年。
中国社会科学院考古研究所：《殷墟妇好墓》，文物出版社，1980年。
郑州大学文博学院等：《豫东杞县发掘报告》，科学出版社，2000年。
北京大学考古系等：《河南夏邑清凉山遗址发掘报告》，《考古学研究（四）》，科学出版社，2000年。
河南省文物考古研究所：《河南鹿邑栾台遗址发掘简报》，《华夏考古》1989年第1期。
中国社会科学院考古研究所河南一队等：《河南柘城孟庄商代遗址》，《考古学报》1982年第1期。
周口地区文化局等：《河南项城出土商代前期青铜器和刻文陶拍》，《文物》1989年第 9 期。

山东省文物管理处等:《大汶口》,文物出版社,1974 年。

中国社会科学院考古研究所:《胶县三里河》,文物出版社,1988 年。

严文明:《论中国的铜石并用时代》,《史前研究》1984 年第 1 期。

临沂地区文物管理委员会等:《日照尧王城龙山文化遗址试掘简报》,《史前研究》1985 年第 4 期。

山东省文物考古研究所等:《山东栖霞杨家圈遗址发掘简报》,《史前研究》1984 年第 3 期。

山东大学历史系考古教研室:《泗水尹家城》,文物出版社,1990 年。

徐基:《夏时期岳石文化的铜器补遗》,《中原文物》2007 年第 5 期。

吴玉喜:《岳石文化地方类型初探》,《考古学文化论集(三)》,文物出版社,1993 年。

中国社会科学院考古研究所等:《山东牟平照格庄遗址》,《考古学报》1986 年第 4 期。

方辉主编:《大辛庄遗址研究》资料卷、研究卷,科学出版社,2013 年。

韩明祥:《山东长清、桓台发现商代青铜器》,《文物》1982 年第 1 期。

南京博物院等:《藤花落》,科学出版社,2014 年。

长江中下游

湖北省文物考古研究所等:《湖北石家河罗家柏岭新石器时代遗址》,《考古学报》1994 年第 2 期。

湖北省文物考古研究所等石家河考古队:《邓家湾》,文物出版社,2003 年。

湖北省文物考古研究所等:《阳新大路铺》,文物出版社,2013 年。

张昌平:《湖北郧县李营发现的铸铜遗存》,《考古》2016 年第 6 期。

湖北省文物考古研究所:《盘龙城》,文物出版社,2001 年。

韩用祥:《盘龙城遗址首次发现铸造遗物及遗迹》,《江汉考古》2016 年第 2 期。

武汉大学历史学院等:《武汉市盘龙城遗址小嘴 2015-2017 年发掘简报》,《考古》2019 年第 6 期。

武汉大学历史学院等:《2012—2017 年盘龙城考古:思路与收获》,《江汉考古》2018 年第 5 期。

荆州市博物馆：《荆州荆南寺》，文物出版社，2009年。

黄锂等：《近年黄陂出土的几件商周青铜器》，《江汉考古》1998年第4期。

黄冈地区博物馆等：《湖北省黄州市下窑嘴商墓发掘简报》，《文物》1993年第1期。

湖南省文物考古研究所：《岳阳铜鼓山商代遗存及东周墓葬发掘报告》，《湖南考古辑刊》第五集，《求索》杂志社，1989年。

熊建华：《湖南商周青铜器研究》，岳麓书社，2013年。

胥卫华：《湖南岳阳市铜鼓山遗址出土商代青铜器》，《考古》2006年第7期。

湖南省文物考古研究所：《湖南石门皂市商代遗存》，《考古学报》1992年第2期。

盛定国等：《宁乡月山铺发现商代大铜铙》，《文物》1986年第2期。

江西省文物考古研究所：《吴城》，科学出版社，2005年。

彭适凡等：《江西新干县的西周墓葬》，《文物》1983年第6期。

江西省文物考古研究所等：《新干商代大墓》，文物出版社，1997年。

安徽省文物考古研究所等：《安徽含山大城墩遗址第四次发掘报告》，《考古》1989年第2期。

安徽省博物馆：《遵循毛主席的指示，做好文物博物馆工作》，《文物》1978年第8期。

张爱冰等：《皖南出土商代青铜容器的年代与性质》，《考古》2010年第6期。

张国茂：《安徽铜陵地区先秦青铜文化简论》，《东南文化》1991年第2期。

安徽省文物考古研究所：《安徽铜陵县师姑墩遗址发掘简报》，《考古》2013年第6期。

王开等：《安徽铜陵县师姑墩遗址出土青铜冶铸遗物的相关问题》，《考古》2013年第7期。

邹厚本主编：《江苏考古五十年》，南京出版社，2000年。

上海市文物管理委员会：《马桥》，上海书画出版社，2002年。

川渝藏地区

重庆市文化局三峡办等三峡考古队：《万州塘坊坪遗址发掘报告》，《重庆库区考古报告集·1998卷》，科学出版社，2003年。

四川省文物考古研究所三星堆工作站等：《三星堆遗址真武仓包包祭祀坑调查简报》，《四川考古报告集》，文物出版社，1998年。

敖天照等:《四川广汉出土商代玉器》,《文物》1980年第9期。

敖天照:《三星堆文化遗址出土的几件商代青铜器》,《文物》2008年第7期。

四川省文物考古研究所编:《三星堆祭祀坑》,文物出版社,1999年。

四川省文物考古研究院等:《四川炉霍县宴尔龙石棺葬墓地发掘简报》,《四川文物》2012年第3期。

中国社会科学院考古研究所等:《拉萨曲贡》,中国大百科全书出版社,1999年。

后 记

英国剑桥大学考古学家伦福儒教授说过,"考古学使我们有可能把每个国家的早期历史看作整个人类更大范围的历史的一部分"。串联起人类文明史的发展脉络,找回我们失去的文化记忆,正是考古人的使命所在。本书所力图勾画的,仅是波澜壮阔的东亚大陆青铜文明画卷的卷首。从大历史的视角看,它是中国纳入欧亚大陆青铜贸易与交流的"世界体系"的开端,也是"青铜中国"和王朝中国的肇始。与后世人类文明的壮美相比,书中所展示的最早的金属文明的遗存似乎还缺乏视觉冲击力,但缘起,往往是最迷人的。倘若本书能为全球早期文明的建构起到些许增砖添瓦的作用,我也就至感欣慰了。

如果说《大都无城》是关于"不动产"的盘点,那么本书就是关于新石器时代末期到青铜时代初期最重要的高科技"动产"——青铜器的梳理与整合。重要遗物,必须放到"不动产"这个大的背景关系(context)里,才能使其彰显出应有的价值和原初的辉光。由于有了"不动产"盘点分析的基础,这本书的着笔也就是顺理成章的事了。

但从另一个角度看,坦白地讲,与前几本小书相比,这本写起来又有捉襟见肘之感。因不肯凑合，要捋清全貌，就得补上学界未做、个人视野未及的基础性"功课"。那就是，运用计量史学的方法，尽可能量化梳理考古发现，以期勾画出更确切的轮廓，得出更确切的认识。贪全贪大，小书大做，加之各种杂务，使得书稿一拖再拖。这是我要向关注、期盼此书的读者致以深深的歉意的。

对此书定位的把握，即兼顾好看与好用，是颇费踌躇的事。我很希望这本书在好看的同时，也是一本翔实好用的、具有资料性质的书。它不仅适合于文史爱好者，也能有益于我的年轻同行，因而学术情结和职业习性一直难以放下。

最初交稿时，有500多个注释。经与编辑切磋，考虑到本书并非纯学术专著，且为了使读者阅读流畅，删去了200多个，其中的出处多有将第一手的考古材料改为综述性论著，删去若干报告和论著的副标题及页码、图号等，或干脆删去注释的情况。这实在是忍痛割爱的事儿。作为弥补，我们在书后加设了"主要考古资料存目"，以便读者查阅。如果这本偏于学术的小书尚具有一定的可读性，那相当程度上要归功于责任编辑曹明明女士的把关建言与在编辑工作上的辛勤付出。这是我要特别表示感谢的。

本书中关于青铜器（群）的断代，主要采纳朱凤瀚先生的观点（《中国青铜器综论》，上海古籍出版社，2009年），并参考了最新的发现与研究成果。附录二中周边各区域相关考古学文化及其年代的排定，主要参考了井中伟、王立新先生的意见（《夏商周考古学》，科学出版社2013、2020年）。

书稿写作中，曾得到北京科技大学李延祥教授、陈坤龙教授，甘肃省文物考古研究所陈国科研究员，青海省文物考古研究所乔虹研究员，新疆师范大学刘学堂教授，吉林大学井中伟教授、成璟瑭教授，辽宁师范大学徐昭峰教授，陕西师范大学郭妍利教授、胡保华副教授、山东大学邓聪教授、王青教授，山东省文物考古研究院孙波研究员，湖南省文物考古研究所郭伟民研究员、高成林研究员，国家博物馆李维明研究馆员、戴向明研究馆员、王力之研究馆员、王建平研究馆员，首都师范大学袁广阔教授、陈北辰博士，中国社会科学院民族学与人类学研究所易华研究员，以及我的同事、中国社会科学院考古研究所施劲松研究员、严志斌研究员、刘煜研究员、何努研究员、高江涛研究员、赵海涛副研究员、陈国梁副研究员、常怀颖副研究员，队友赵静玉高级技师和我的研究生贺俊、葛韵、司媛等同学的帮助。从书中所引考古文献可以看出，各区域考古同仁既往全面系统的研究为我们的分析提供了扎实的学术基础。限于篇幅和体例，无法一一加注，在此谨向有益于本书成稿的所有作者、编者和师友，致以诚挚的谢意与敬意。

书稿的最后修订，时值新型冠状病毒肆虐、全球警戒防疫之际。置身"地球村"时代的当下，思考东亚最初纳入"世界体系"的千古往事，抚今追昔，感触良多。天涯路远，见字如面，愿与读者诸君共勉。

许　宏

2020 年仲春